beck'sche reihe

DAS JAHRTAUSEND

bsr

Die Serie „Das Jahrtausend“ der Frankfurter Allgemeinen Zeitung führt durch die Spiegelungen und Vorspiegelungen der Vergangenheit von zehn Jahrhunderten. Auf dieser Reise durch die Zeit folgt der Leser dem einzelnen Lebenslauf und der Kette der Ereignisse, er begegnet Kunst und Literatur, trifft auf Ängste und Hoffnungen vergangener Epochen und lernt den Alltag in Krieg und Frieden kennen. Wer zu erfahren wünscht, was jetzt ist, erhält die Antwort in dem, was einmal möglich war.

Michael Jeismann, geb. 1958, promovierte im Fach Geschichte an der Universität Bielefeld bei Reinhart Koselleck und ist seit 1993 Redakteur der Frankfurter Allgemeinen Zeitung. Zu seinen Veröffentlichungen zählen u.a.: Das Vaterland der Feinde. Studien zum nationalen Selbstverständnis und Feindbild in Deutschland und Frankreich 1792–1918, Stuttgart 1992, sowie der Sammelband Mahnmal Mitte. Eine Kontroverse, Köln 1999.

Das 13. Jahrhundert

Kaiser, Ketzer und Kommunen

Herausgegeben von
Michael Jeismann

Verlag C. H. Beck

Mit 9 Abbildungen im Text

Die Deutsche Bibliothek – CIP-Einheitsaufnahme

Das 13. Jahrhundert : Kaiser, Ketzer und Kommunen / hrsg. von Michael Jeismann. – Orig.-Ausg. – München : Beck, 2000
(Beck'sche Reihe ; 4113 : Das Jahrtausend)
ISBN 3 406 45613 8

Originalausgabe
ISBN 3 406 45613 8

Umschlagentwurf: +malsy, Bremen
Umschlagabbildung: Der Makrokosmos (Detail), um 1230,
in: Hildegard von Bingen, Liber divinorum operum (Foto: Scala, Florenz)

Satz: Kösel, Kempten
Druck und Bindung: C. H. Beck'sche Buchdruckerei, Nördlingen
Gedruckt auf säurefreiem, alterungsbeständigem Papier
(hergestellt aus chlorfrei gebleichtem Zellstoff)
Printed in Germany

Inhalt

Kleine Chronik 7

Klaus Schreiner, Kaiser, Ketzer und Kommunen
Die Vielfalt der Epoche spiegelt sich in ihren Geschichten 9

Christian Pfister, **Jahrhundertwetter** 23

Otto Langer, Gottesliebe als Passion
Mechthild von Magdeburg bekennt sich zum aristokratischen Ideal der reinen Armut 25

Michael Jeismann, **Jüngste Tage**
Almosen 32

Marie Theres Fögen, Barbaren in Byzanz
Ein westöstliches Schauspiel im dreizehnten Jahrhundert 35

Albrecht Kunkel, **Formelbuch**
1, 1, 2, 3, 5, 8, 13, ... 46

Otto Gerhard Oexle, Die Fragen des Franziskus
Die Erscheinung des „Idioten": Freiwillige Armut und das Stehenlassen der Gesellschaft 48

Felicitas Schmieder, Wenn die Tartaren kommen
Endzeitliche Umdeutungen: Wie die mongolischen Reiter vom Feind zum Freund wurden 53

Frankfurter Anthologie
Hans Christoph Buch, Am Strohhalm der Hoffnung
Über: *Walther von der Vogelweide, In einem zwîvellîchen wân* 58

DIRK SCHÜMER, Die Fesseln lieben lernen
Auf Falkenjagd mit Friedrich II. 62

GERTRUD FUSSENEGGER, Sein Jahrhundert gegen den Strich gebürstet
Jean de Meung, genannt le Clopinel und der „Rosenroman II. Teil" 68

HANS-HERBERT RÄKEL, Der Heilige und sein Biograph
Die moderne Geschichtsschreibung und König Ludwig der Heilige 73

DIETER BARTETZKO, Blicke aus fernen Spiegeln
Die lastende Freude des Seins: Statuen der späten Stauferzeit 80

Die Autoren 88

Bildquellennachweis 89

Kleine Chronik

1202: Byzanz muß Unabhängigkeit Bulgariens anerkennen · *1202:* Vierter Kreuzzug · *1204:* Kreuzfahrerheer erobert Konstantinopel, Schwarzmeerhandel geht an Venedig · *1208:* Friedrich II. König von Sizilien · *1209:* Kreuzzug gegen Albigeneser in der Provence · *um 1210:* Wolfram von Eschenbach, Parzival · *1212:* Kathedrale von Reims begonnen · *1215:* Magna Charta Libertatum in England; Friedrich II. als deutscher König anerkannt; 4. Lateransynode: Jährliche Beichte wird Pflicht; erste Apotheken · *1219:* Serbisch-orthodoxe Nationalkirche der Bogumilen; Franz von Assisi auf Mission, die ihn bis nach Ägypten führt · *1226:* Ludwig IX. (der Heilige) König von Frankreich (bis 1270) · *1227:* Papst Gregor IX. bannt Friedrich II. · *1235:* Mainzer Landfriede, rechtlicher Abschluß der Territorialisierung des Reichs · *1237:* Friedrich II. besiegt Lombardischen Städtebund: Konflikt mit den Papst · *1239:* Papst Gregor IX. bannt Friedrich II. abermals · *1241:* Messe in Frankfurt am Main erwähnt · *1245:* Franziskaner nehmen Kontakt mit den Mongolen auf · *1249:* University College in Oxford · *1250:* Friedrich II. gestorben · *1261:* Byzanz wiederhergestellt unter Michael VIII. Palaiologos · *1271:* Marco Polo bricht nach China auf · *1273:* Rudolf I. von Habsburg deutscher König · *1274:* Konklave wird bei Papstwahl Pflicht · *1282:* Sizilianische Vesper: Sturz der Herrschaft von Karl von Anjou · *1290:* Juden werden aus England vertrieben · *1294:* Bonifaz VIII. wird zum Papst gewählt, Ende der Machtstellungen des mittelalterlichen Papsttums · *um 1298:* Aufkommen der Notenschrift

Klaus Schreiner

Kaiser, Ketzer und Kommunen

Die Vielfalt der Epoche spiegelt sich in ihren Geschichten

Der Rückblick auf das dreizehnte Jahrhundert vergegenwärtigt nicht nur die Errungenschaften des staufischen Kaisertums; er weckt zugleich Vorstellungen von Niedergang, Auflösung und Zerfall. Auf die glanzvolle, mythisch verklärte Regentschaft des Stauferkaisers Friedrichs II. folgte die „kaiserlose, schreckliche Zeit". Nach 1250, Friedrichs Todesjahr, büßte die deutsche Geschichte ihren Zug ins Große ein. Das Staatsleben verlagerte sich vom Reich auf kleinräumige Territorien. Aber mit dem Verlust von Reichsrechten einher ging etwa auch die Entstehung von Genossenschaften, die den Nährboden für die Entstehung stadtbürgerlicher Lebens- und Erwerbsformen bildeten und von denen freiheitsbildende Wirkungen ausgingen.

Und das Kulturelle? Das dreizehnte Jahrhundert Dantes, des volkssprachlichen Minnesangs und höfischen Epos, die Zeit der gotischen Kathedralen, der scholastischen Vernunft und affektiven Mystik, die Epoche der Universitäten. Dem Papst- und Kaisertum fügte der Kölner Kanoniker Alexander von Roes noch eine weitere Macht – in der Sprache Jakob Burckhardts ausgedrückt –, eine weitere „Potenz" hinzu: die Wissenschaft. Ketzerbewegungen wollten Jesu Botschaft in ihrer Ursprünglichkeit wiederherstellen; Bettelmönche fühlten sich als spirituelle Wegbereiter einer neuen Zeit; Friedenssehnsucht ließ Friedensbewegung entstehen. Neue Techniken und Fertigkeiten, wie die Buchführung, die seit etwa 1200 in städtischen Handelskontoren aufkommt, bereicherten Kultur und Zivilisation. Für das Vielfältige des dreizehnten Jahrhunderts gibt es keinen gemeinsamen Nenner. Die Geschichten dieser Epoche sind Geschichten von Gegensätzen.

Der strahlende und der leutselige König

Beide, der Staufer Friedrich II. und der Habsburger Rudolf, waren gewählte und gekrönte Könige des „Deutschen Reiches". Mit Friedrichs Geburt im Frühjahr 1195 verband der italienische Dichter Petrus von Eboli die Vorstellung einer „Wiederkehr glorreicher Zeiten". Aufgewachsen unter dem Einfluß lateinischer, byzantinischer und arabischer Kultur, war Friedrich von ungewöhnlicher intellektueller Neugier. Er dichtete, schrieb über Falkenjagd und Vogelzucht. In der Formensprache der erneuerten Antike und der frühen Gotik errichtete er in Apulien Kastelle, Schlösser und Brücken. Sein entschlossener Wille, die Rechte des Reiches in Italien zu behaupten, verstrickte ihn in erbitterte Kämpfe mit den Städten der Lombardei und dem römischen Papsttum. Das Königreich Sizilien als Beamten- und Verwaltungsstaat so eingerichtet zu haben, daß es einem bewußt gestalteten Kunstwerk glich, verschaffte ihm den Ruf, der erste „moderne Mensch auf dem Thron" (Jakob Burckhardt) gewesen zu sein.

Friedrich II. fühlte sich als Erneuerer des alttestamentarischen Davidkönigtums, als messianischer Friedensfürst, als „Herr des goldenen Zeitalters" und – Gedanken des hellenistischen Königsmythos aufgreifend – „als Herr der Elemente". Als er 1235 nach Deutschland kam, befand sich in seinem Troß eine Menagerie exotischer Tiere: Elefanten, Leoparden, Löwen und Kamele, Pfaue und Adler. Friedrichs Auftritte inmitten von Akrobaten, Gauklern, Dompteuren und arabischen Mädchen verbreiteten märchenhafte Pracht.

Gleich zweimal traf ihn der Bannfluch von Papst Gregor IX.; 1245 dekretierte Innozenz IV. vor dem Konzil von Lyon sogar seine Absetzung. Friedrich II. war aber auch der letzte deutsche Kaiser, der „zum Zeichen seiner Frömmigkeit" in der Öffentlichkeit barfuß ging. Am 13. Dezember 1250 starb er, sechsundfünfzig Jahre alt. Auf dem Sterbebett ließ er sich von dem greisen Erzbischof Bernard von Palermo die Absolution erteilen. Um auf seiner Himmelsreise gegen teuflische Gewalten geschützt zu sein, legte man ihm das Gewand der Zisterzienser an, den Habit jenes Ordens, zu dessen Gebetsgemeinschaft er seit 1215 gehörte. Mit seinem Tod wollten sich viele nicht abfinden. Sie glaubten, er werde wiederkommen, um das Reich zu erneuern und die verweltlichte, ihrer geistlichen Berufung untreu gewordene Kirche zu züchtigen.

Friedrichs Tod löste ein politisches Beben aus, das zum Zusammenbruch des staufischen Reiches führte. Keinem seiner beiden Söhne, weder König Konrad IV. noch König Manfred von Sizilien, gelang es, das staufische Erbe in Italien zu behaupten. Konradin, Friedrichs Enkel, mußte sich Karl von Anjou, den der Papst als Retter und Helfer ins Land gerufen hatte, geschlagen geben. Nach einem Scheinprozeß wurde er am 29. Oktober 1268 auf dem Marktplatz von Neapel enthauptet.

Rudolf, der auf der Habsburg im nordschweizerischen Aargau residierende Edelmann, wurde 1273 zum deutschen König und künftigen Kaiser gewählt. Seine Widersacher verhöhnten ihn als bitterarmen Grafen. Dichter mokierten sich über seine hausväterliche Denk- und Lebensart, der großherziges Mäzenatentum fremd war, und machten ihn, der allem Anschein nach weder lesen noch schreiben konnte, zur Zielscheibe von Hohn- und Spottgedichten. Dante warf ihm

Auf dem Weg in die Verdammnis: Verdammter König
Bamberger Dom, Fürstenportal, um 1230

vor, daß er Italien, des „Reiches Garten", nicht gerettet habe. Chronisten, die den Habsburger schätzten, rühmten ihn als Friedensstifter (*vridemann*). Sie rechneten es ihm zur Ehre an, daß er das Deutsche zur offiziellen Urkunden- und Kanzleisprache gemacht habe.

Rechte und Güter, die dem Reich während des sogenannten „Interregnums" zwischen 1256 und 1273 abhanden gekommen waren, suchte er zurückzugewinnen. Der Böhmenkönig Ottokar II., der selbst gerne deutscher König geworden wäre, machte aus seiner Ablehnung Rudolfs keinen Hehl. Weil er den Habsburger als König nicht anerkannte, weigerte er sich auch, seinem königlichen Widersacher einen Lehnseid für seine nichtböhmischen Länder zu schwören. In der Schlacht auf dem Marchfeld besiegte Rudolf 1278 den unbotmäßigen Vasallen. Ottokar wurde gefangengenommen und von einem seiner schlimmsten Gegner mit einer Lanze durchbohrt. Dreißig Tage lang wurde sein Leichnam bei den Minderbrüdern in Wien aufgebahrt. Alle Welt sollte sich davon überzeugen, daß er wirklich tot war.

Der Ausgang der Schlacht und ihre langfristigen Folgen veränderten die politische Geographie des hoch- und spätmittelalterlichen Europa grundlegend. Wien, an der Ostgrenze des Reiches gelegen, wurde zum Sitz einer kaiserlichen Großdynastie, die im Konzert der europäischen Mächte jahrhundertelang eine tonangebende Rolle spielte.

Um Belange des Reiches wirksam zu verfechten, stärkte König Rudolf seine Hausmacht – ein Verhalten, das ihm deutschnationale Historiker als Verrat am Reichsgedanken aufrechneten. Die Königskrone auf seinem Haupt habe „Gedanken von mythischer Kraft" nicht mehr ausgestrahlt. Um den Mangel an hoher Abkunft zu kompensieren, suchte Rudolf Anschluß an die Staufer. Ein Astronom am Hofe Friedrichs II. soll ihm prophezeit haben, daß er Erbe des Reiches sein werde.

„Kein König der großen alten Art" (Hermann Heimpel), wollte Rudolf in Speyer sterben; dort wollte er begraben sein. Am 14. Juli 1291 brach er von Germersheim auf, seine Absicht öffentlich verkündend: „Laßt uns nach Speyer gehen zu den anderen Königen, die dort begraben sind." Tags darauf starb er; begraben wurde er in einem Holzsarg. Friedrich II. hatte seine letzte Ruhe in einem Porphyrsarg im Dom von Palermo gefunden. An Rudolf erinnert eine Skulptur in der Krypta des Speyer Doms; sie zeigt nicht einen strahlenden Helden, sondern einen gealterten König, dem die Hinfälligkeit ins Gesicht geschrieben steht. Auf seine Wiederkunft hoffte niemand. Anekdoten verklärten ihn zu einem leutseligen Monarchen, einem Freund der kleinen Leute, der fleißigen Bürger und bettelnden Mönche. Auf einem Feldzug soll er als *ein diemutiger, weiser herre* sein zerrissenes Wams selbst geflickt haben. Friedrich II. hatte sich am 18. März 1229 in der Grabeskirche von Jerusalem eigenhändig die Krone des Königreichs Jerusalem aufs Haupt gesetzt, um das Erbe Isabellas von Jerusalem, seiner verstorbenen Gattin, anzutreten. Rudolf hörte sich, sofern zutrifft, was von ihm überliefert wird, die Liebes- und Leidensgeschichten von Ehemännern an, die mit streitbaren Frauen Probleme hatten.

Herrschaft und Genossenschaft

Inmitten der Kontroversen und Konflikte, die die Häupter der abendländischen Christenheit austrugen, formierte sich die Stadt als neue politische Kraft. Urbanisierung gab der Kulturlandschaft Europas ein neues Profil. Bürgerfreiheit wurde in Städten zum Inbegriff und Fluchtpunkt einer neuen, durch persönliche Freiheit und kollektive Selbstbestimmung geprägten Lebensform. Im zwölften Jahrhundert hatte *communio* – Gemeinde, Schwurverband, Kommune – als „schlechtes Wort" gegolten, weil die damit bezeichnete Sache leib- und grundherrlich gebundenen Leuten Möglichkeiten bot, sich aus persönlicher und dinglicher Abhängigkeit zu befreien. Im dreizehnten Jahrhundert suchten scholastische Theologen und dominikanische Prediger den Nachweis zu erbringen, daß die städtische Lebenswelt Bürgern Gelegenheit gibt, der sozialen Bestimmung ihrer Natur gerecht zu werden. Wilhelm von Auvergne († 1249), der Theologe und spätere Bischof von Paris, argumentierte, nur in der Stadt sei es möglich, ein wahrhaft menschliches Leben zu führen. Alle Bürger seien gleichgestellte „Teilhaber an Gerechtigkeit und Freiheit".

Im Kontext solcher Überlegungen und Interessen setzte sich seit Beginn des dreizehnten Jahrhunderts ein neuer Stadtbegriff durch. Dieser definierte die Stadt als Rechts- und Friedensgemeinschaft, deren Legitimation auf der einigenden Kraft des von Bürgern geschworenen Eides beruht und der Privilegierung durch einen geistlichen oder weltlichen Stadtherrn nicht mehr bedarf. Freiheit erfuhren mittelalterliche Stadtbürger als persönliche Handlungsfreiheit, die es ihnen ermöglichte, über ihre ureigensten Belange – die Wahl des Ehepartners, den Ertrag ihrer Arbeit, erworbenen Besitz und ererbtes Eigentum – selbst zu entscheiden, als Zustand geschützten Rechts, der Fehde und Gewalt ausschloß, als Eingebundensein in eine Lebensordnung, in der ausdrücklicher und stillschweigender Konsens Spannungen zwischen Bürgerfreiheit und Stadtregiment verschärfte.

Ungeachtet mannigfacher Rückschläge gelang es den Städten, im Verlauf des dreizehnten Jahrhunderts gegenüber ihren geistlichen und weltlichen Stadtherren ein höheres Maß an Autonomie durchzusetzen. Die Bürger von Lübeck ließen sich 1226 von Friedrich II. ein Privileg erteilen, dem zufolge sie immer frei, stets zum Reich gehören und keinem

Herrn unterworfen sein sollen. Bisweilen griffen Bürger auch zu den Waffen, um ihre *vriheit* zu verteidigen und zu erweitern. Straßburgs Bürgerschaft, die sich 1261 auf einen (erfolgreichen) Waffengang mit ihrem Bischof einließ, war davon überzeugt, für die „Ehre und Freiheit" ihrer Stadt zu kämpfen.

Kreuzzüge und Friedensbewegungen

Erfolgsgeschichte schrieben die Kreuzzüge auch im dreizehnten Jahrhundert nicht. Der vierte Kreuzzug an der Wende vom zwölften zum dreizehnten Jahrhundert pervertierte zu einem Krieg zwischen christlichen Brüdern. Im Jahre 1204 ging er zu Ende, nachdem die Kreuzfahrer Konstantinopel, die goldene Stadt am Bosporus, geplündert, ein lateinisches Kaisertum ausgerufen und die Kirche des Ostens der Kirche Roms unterstellt hatten. Byzantinische Chronisten berichten, der rührende Anblick der städtischen Einwohnerschaft, die mit Kreuzen und Ikonen Christi den aus Venedig und Frankreich kommenden Eroberern entgegenzogen, habe nicht vermocht, deren haßerfüllten Gesichtern ein milderes Aussehen zu geben. Sie hätten „zuerst die Pferde, dann die Habe und das Geld der Bürger" geplündert – und dann „sogar das, was Gott geweiht war": Ikonen, die Reliquien derer, die für Christus gelitten hatten, die allerheiligsten Geräte und Gefäße, das mit Gold überzogene Silber, das die Pforten der Kirchen schmückte. Westliche Chroniken sprachen von dem Beutezug als „Geschenken göttlicher Gnade".

Der Kinderkreuzzug von 1212, ein unorganisiertes, von messianischen Erwartungen genährtes Unterfangen, wurde zu einem Weg in die Katastrophe. Nikolaus, ein Kölner Junge, führte den Zug der kreuzfahrenden Kinder an. Seine Führungsrolle begründete er mit der Offenbarung eines Engels, der ihn und seine Anhänger beauftragt habe, das Heilige Grab der Gewalt der Sarazenen zu entreißen. Die Spuren der immerhin 7000 Kinder, die wohlbehalten und wundergläubig Genua erreichten, verlieren sich im Ungewissen. Ein Schiff, das sie nach Jerusalem hätte bringen sollen, haben sie nie bestiegen.

Der offizielle fünfte Kreuzzug, ein von Papst Innozenz III. organisiertes Unternehmen, sollte die ägyptische Stadt Damiette im Nildelta, ein islamisches Machtzentrum, vernichten, um Jerusalem unter besseren Bedingungen erobern zu können. Nach anfänglichen Erfolgen mußten die Kreuzfahrer im Herbst 1221 geschlagen das Land verlassen. Friedrich II. erreichte 1227 die Rückgabe von Jerusalem durch Verhandlungen mit dem ägyptischen Sultan al-Kamil. In einem Manifest stellte der Kaiser fest, er habe dank der Mithilfe Gottes erreicht, „was seit weit zurückliegenden Zeiten viele Fürsten und Mächtige des Erdkreises weder durch die Größe ihrer Heere noch durch Kraftanstrengungen, noch durch Furcht zustande bringen konnten“. Nachdem es gelungen war, auf dem Verhandlungsweg einen Zugang zu den heiligen Stätten zu erreichen, wurde der Kreuzzugsgedanke obsolet.

Nach dem eklatanten Mißerfolg des sechsten Kreuzzugs, bei dem König Ludwig IX. von Frankreich sich aus der Gefangenschaft freikaufen mußte, schlossen sich im Norden Frankreichs, in Flandern und in der Picardie Hirten und bäuerliche Unterschichten zu einer Aufstands- und Kreuzzugsbewegung zusammen. Das Heilige Land wollten sie von der Herrschaft der Muslime befreien, die Kirche von reichen Prälaten, die Gesellschaft von der Macht des Adels. Ihre aus religiösen Antrieben und sozialen Interessen gespeiste Utopie scheiterte. Die Hüter der öffentlichen Ordnung leiteten Abwehrmaßnahmen ein, deren Gewalt sie nicht gewachsen waren.

Zur Kreuznahme rief die Kirche auch auf, um politische und ketzerische Widersacher innerhalb der abendländischen Christenheit zu bekämpfen. Auf einer Synode ließ Erzbischof Gerhard II. von Bremen 1234 die Stedinger, die Marschbauern beiderseits der Unterweser, als Ketzer verurteilen. Keine der gegen sie erhobenen Anklagen betraf Fragen dogmatischer Rechtgläubigkeit; als Ketzer verfolgt wurden sie, weil sie sich geweigert hatten, den Kirchenzehnten zu entrichten. Ein Heer adelig-ritterlicher Kreuzfahrer aus Nordwestdeutschland und vom Niederrhein, aus Holland, Flandern und Brabant schlug die Stedinger bei Altenesch am 27. Mai 1234 vernichtend; dadurch verdienten sich die Ritter jenen vollständigen Ablaß, der auch Kreuzfahrern ins Heilige Land versprochen wurde.

Im Lichte einer neuen Spiritualität aber verlor die überkommene Kreuzzugstheologie weiter an Geltungs- und Überzeugungskraft. Troubadoure gaben nicht ohne Ironie zu bedenken, Gott in seiner Allmacht möge doch selber die Sarazenen aus dem Heiligen Land vertreiben. Armuts- und Bußbewegungen fühlten sich einem biblisch motivierten Friedensideal verpflichtet; Geißlerzüge, die durch die Städte Oberitaliens zogen, suchten Frieden und Buße herzustellen, Bußbrüderschaften beteten allabendlich für den Frieden. Einen Höhepunkt franziskanischer und dominikanischer Friedenstätigkeit bildete die Alleluja-Bewegung zu Anfang der dreißiger Jahre des dreizehnten Jahrhunderts, in der sich das Friedensapostolat der Bettelorden und die Friedenssehnsucht breiter Bevölkerungsschichten verbanden.

„Als erstes muß man wissen“, schrieb der französische Zisterzienser Pierre des Vaux-de-Cernay († nach 1218) in seiner „Geschichte des Kreuzzugs gegen die Albigenser“, „daß die Häretiker“ – gemeint sind die Katharer im südlichen Frankreich – „die Existenz von zwei Schöpfern behaupten, einem unsichtbaren, den sie den ‚guten‘ Gott nen-

nen, und einem sichtbaren, den sie den ‚bösen' Gott heißen ... Die Sakramente der Kirche halten sie für derart wertlos, daß sie öffentlich lehren, das Wasser der Taufe unterscheide sich in nichts von dem fließenden Wasser, und es bestehe kein Unterschied zwischen der Hostie des heiligen Leibes Christi und dem gewöhnlichen Brot." – Warum wurden im dreizehnten Jahrhundert Menschen, die angeblich so dachten, verfolgt, verurteilt und verbrannt? Stand erzwungene Rechtgläubigkeit nicht im Widerspruch zur einhelligen Lehre christlicher Gottesgelehrter, der zufolge nur solcher Glaube ewiges Leben bewirkt, der auf freier Entscheidung beruht?

Zwang und Freiheit des Glaubens

Die Kirche des dreizehnten Jahrhunderts war tatsächlich nicht mehr bereit, die Gleichnisrede Jesu vom Unkraut und vom Weizen zur Richtschnur ihres Handelns zu machen. Die Parabel verpflichtete die Jünger Jesu und ihre Nachfolger, das Unkraut (das heißt die Ketzer) und den Weizen (die Rechtgläubigen) bis zur Ernte wachsen zu lassen – und also das Urteil über die Lebensführung der einzelnen Menschen Gott anheimzugeben.

Theologen und kirchliche Amtsträger des dreizehnten Jahrhunderts aber wollten bereits in der Gegenwart, also vor dem Gottesgericht am Ende der Zeit, trennen, was nicht zusammengehört. Friedrich II. erließ Gesetze zur „Ausrottung der verderblichen Ketzerei" in der Lombardei und in Deutschland, Gregor IX. verschärfte die gegen Ketzer gerichteten Inquisitionsmaßnahmen, Städte übernahmen die kaiserlichen und päpstlichen Ketzergesetze in ihre Statuten. Mönche des Dominikanerordens bewährten sich als Werkzeuge unnachsichtiger Ketzerbekämpfung; Theologen rechtfertigten, was kirchliche und weltliche Instanzen gegen die Häresie unternahmen.

Nicht alle Häretiker waren bereit, sich von der kirchlichen Verfolgungswelle widerstandslos überrollen zu lassen. Die in Kirchen verlesenen Urteile von Inquisitoren stießen bisweilen auf öffentliche Proteste; 1248 erschlugen Bürger von Narbonne einen Schreiber und einen Boten, die Verhörprotokolle mit den Namen von Ketzern trugen. Die Bücher der Inquisitoren verbrannten sie.

Mit Toleranz konnten nur Juden rechnen – zumindest in der Theorie. Die Juden, so Thomas von Aquin, werden unter Christen geduldet, weil sie durch die Schriften des Alten Testaments und ihre kultischen Gebräuche ungewollt für die im Alten Bund prophezeite „Wahrheit Christi“ Zeugnis ablegen. Die Zwangstaufe jüdischer Kinder lehnte er entschieden ab. Der „Fürst der Scholastik“ machte das Naturrecht zu einem Argument für die Duldung religiöser Andersheit. Um Judenausweisungen und Pogromen den Schein von Rechtmäßigkeit zu geben, mußten andere Gründe herhalten: die Beschuldigung des Ritualmordes, des gemeinwohlschädlichen Wuchers, der Brunnenvergiftung. Friedrich II. ließ durch ein Urteil des kaiserlichen Hofgerichts verbieten, den Juden fürderhin noch Ritualmord anzulasten. Geholfen haben solche Einsprüche nichts. Blutbeschuldigung blieb ein antijüdisches Stereotyp bis ins neunzehnte Jahrhundert.

Unmittelbar bevor Franziskus im Frühjahr 1209 in Rom eintraf, um seine aus Bibelversen zusammengestellte Klosterregel bestätigen zu lassen, soll Papst Innozenz III. geträumt haben, S. Giovanni in Laterano, die römische Bischofskathedrale und Mutterkirche der lateinischen Christenheit, sei vom Einsturz bedroht: „Da kam ein Gottgeweihter, gering und verächtlich von Aussehen, und stützte den Bau mit seinen Schultern ... Als wenige Tage später der selige Franz vor ihm erschien, da erinnerte sich der Herr Papst seines Traumbildes, schloß ihn in seine Arme und bestätigte jene Regel." Die gut erfundene Geschichte – die Giotto zu einem Fresko in der Oberkirche von Assisi inspirierte – wollte Zweifel an einer Kirche zum Ausdruck bringen, deren Amtsträger wie Edelleute lebten und über große Besitztümer verfügten – und damit die Heilsbotschaft des armen Jesus einer in ärmlichen Verhältnissen lebenden Bevölkerung nicht mehr verständlich zu machen vermochten.

Die Armen und die Reichen

Denn weder den Benediktinern noch den Zisterziensern war es gelungen, der Anziehungskraft adliger Herrschafts- und Lebensformen zu widerstehen. Die Klöster der Zisterzienser etwa, die ursprünglich durch eigene Arbeit Herrschaft über leistungs- und abgabepflichtige Leute entbehrlich machen wollten, geboten im dreizehnten Jahrhundert über abgabepflichtige Bauern, verfügten über zinsbringende Mühlen, Kirchen und Altäre, verkauften auf dem städtischen Markt die Überschüsse ihrer landwirtschaftlichen Produktion.

Im Lichte franziskanischer Lebensideale mutet derartiges Mönchtum veraltet und verbraucht an. Die Franziskaner der ersten Stunde hatten sich vorgenommen, „nach der Form des Evangeliums" zu leben. Kernstück des „neuen Gesetzes", das Franziskus ihnen gab, war die Armut. Franziskus hatte mit ihr, seiner Herrin, einen Bund geschlossen. Dante sprach, eingedenk dieses Bundes, von den „beiden Liebenden", die sich gesucht und gefunden haben. Armut, wie sie von Franziskus gedeutet und gelebt wurde, bedrückte nicht; sie stimmte fröhlich. Armut entlastete von schwerem Gepäck weltlichen Erfolgs- und Gewinnstrebens, von Herrschaft über andere.

Das Büßerleben, die freiwillige Armut und die tätige Liebe des heiligen Franziskus († 1226) und der heiligen Elisabeth († 1231), der ungarischen Königstochter und thüringischen Landgräfin, haben im Gedächtnis der Zeitgenossen und Nachfahren tiefe Spuren hinterlassen. Die *heylige liebe sent Elysabeth* wurde im späten Mittelalter als beschützende Mutter des Landes Hessen (*mater Hassiae*) verehrt. Mit der Erinnerung an Franziskus und Elisabeth verbinden sich bis heute Denk- und Verhaltensweisen von konsequenter Mitmenschlichkeit.

Uta von Naumburg, eine der um 1250 aus Muschelkalk gehauenen Stifterfiguren im Westchor des Naumburger Domes, erfüllte vom neunzehnten Jahrhundert an die Funktion einer nationalen Kultfigur. Damals ist von ihr gesagt worden: „Was der Deutsche am Weibe verehrt, das ahnungsreiche Gemüt und die verschlossene Keuschheit, das ist in Uta verkörpert." Nach 1933 schwärmten Kunsthistoriker von der „Hoheit" ihres Blickes, von ihrem „herrlichen Kopf" mit den „langen blonden Flechten".

Unter den Bedingungen eines politischen Systemwandels, dessen Totalitätsanspruch sich auch Kunst und Kultur zu beugen hatten, verwandelten sich ästhetische Wahrnehmung und historisches Gedächtnis in nationalen Erinnerungskult. Politische Mythenbildung verfälschte die Geschichtlichkeit von Personen und kirchlichen Räumen. Ideologie verengte den Blick. Als Goethe im April 1813 den Naumburger Dom besuchte, fand er das Heiligtum „feucht, kalt und unfreundlich", wie Kirchen eben zu sein pflegen, die „nicht durch ein Meßopfer erwärmt werden". Von Uta nahm er keine Notiz.

Christian Pfister

Jahrhundertwetter

„Vom März bis in den August des Jahres 1259 fiel kaum Regen, es herrschte Überfluss an allen Früchten, namentlich an Wein, dergestalt, dass die leeren Fässer in höherem Wert standen als der Wein selbst", berichtet die Chronik von Speyer. Klimaextreme dieser Art stürzen die heutige Landwirtschaft in die Krise, weil große Viehbestände durchzufüttern sind und die ertragsstarken Pflanzen hohe Mengen an Wasser benötigen.

Unter den Bedingungen der vieharmen, auf Getreide ausgerichteten vorindustriellen Landwirtschaft wurden dagegen in heißen und trockenen Sommern die höchsten Erträge an Wein und Getreide eingebracht. Entsprechend stiegen die Naturalabgaben an, die damals die wichtigste Steuerleistung darstellten. Trat das Frühjahr zeitig ein, konnte auf der gleichen Weidefläche zudem ein größerer Viehbestand durchgefüttert werden, was eine bessere Düngung der Felder erlaubte.

Die Frühjahrs- und Sommerperioden waren im dreizehnten Jahrhundert überwiegend warm und trocken. Die Gletscher in den Alpen schmolzen weit zurück. Eine vergleichbare klimatische Gunstphase ist erst im zwanzigsten Jahrhundert wieder aufgetreten. Mit dem zwanzigsten Jahrhundert ist auch das winterliche Klima vergleichbar. Harte Winterfröste waren selten, mittelmeerische Vegetation dehnte sich nach Norden aus. So waren nach Angaben des Naturwissenschaftlers und Theologen Albertus Magnus in der Ebene um Köln Feigenbäume verbreitet. Sie trugen dreimal jährlich Frucht. Auch in der Poebene gediehen frostempfindliche Kulturpflanzen nordwärts. Dies spricht für eine Wärmeperiode, die eine hemisphärische oder gar globale Dimension erreichte.

Unter diesen günstigen Bedingungen wuchs die Bevölkerung Europas innerhalb von hundert Jahren von 61 auf 73 Millionen an. Jene, die über Land und Leute geboten, konnten dadurch insgesamt mehr an Steuerleistung abschöpfen. In dieser klimatischen Gunstphase wurden die mächtigen Kathedralen gebaut, die zu Symbolen der wirtschaftlichen und kulturellen Blüte dieser Zeit geworden sind.

Otto Langer

Gottesliebe als Passion

Mechthild von Magdeburg bekennt sich zum aristokratischen Ideal der reinen Armut

Am 1. Mai 1236 strömte in Marburg eine riesige Menschenmenge zusammen – nach dem Bericht des Annalisten aus St. Pantaleon in Köln mehr als eine Million –, um die Translatio der heiligen Elisabeth mitzuerleben. An den Feierlichkeiten nahm auch Kaiser Friedrich II. teil, der dafür die Vorbereitungen des Krieges gegen die Lombarden unterbrach. In der Morgendämmerung erhob Friedrich, barfüßig und in demütiger Haltung, den Sarg der Heiligen, unterstützt von Fürsten, und überführte ihn an den vorbereiteten Ort. Zum Zeichen seiner Verehrung schmückte er das Haupt Elisabeths mit einer Krone.

Selten zeigte sich der Kaiser in der Öffentlichkeit so devot. Es gibt nur einen vergleichbaren Vorgang. Im Juli 1218 hatte Friedrich in Aachen zwei Tage nach seiner Kaiserkrönung bei der Umbettung der Gebeine Karls des Großen mitgeholfen, die Nägel in den neuen Karlsschrein einzuschlagen. Mit diesem Akt hatte er sich in die Tradition des Karlskultes und der staufischen Kaiseridee eingereiht. In einen ganz anderen Zusammenhang gehören die Marburger Feierlichkeiten. Im Mittelpunkt stand nicht ein mächtiger Herrscher, sondern eine Frau aus hohem Adel, die freiwillig auf Würden und Reichtum verzichtet und das Leben der Armen gelebt hatte.

In einem Brief an den Franziskanergeneral Elias von Cortona pries Friedrich das heilige Leben Elisabeths und bat um Aufnahme in die Gebetsgemeinschaft des Ordens. Damit suchte er wie in Marburg die Verbindung zur zeitgenössischen Armutsbewegung. Er hoffte, mit dieser Aktion in die Front seiner Gegner einzubrechen.

Nicht Notlösung, sondern Lebensform

Die religiösen Armutsbewegungen waren um diese Zeit zu einer politisch-sozialen Instanz geworden. Sie orientierten sich am Ideal des apostolischen Lebens und der Armut: „Nackt dem Christus folgen". Einen wesentlichen Teil dieser Bewegung bildeten Frauen. Im zwölften Jahrhundert schlossen sich viele den neuen Orden der Prämonstratenser und Zisterzienser an. Als sich diese gegen den starken Zustrom wehrten und beschlossen, keine Frauen mehr aufzunehmen, entstanden seit Beginn des dreizehnten Jahrhunderts Frauengemeinschaften, die zwischen Kloster und Welt standen.

Für viele Frauen waren diese Gemeinschaften keine Notlösung, sondern eine Lebensform, die sie bewußt wählten. Selten waren wirtschaftliche Gründe oder fehlende Heiratsmöglichkeiten für die Wahl der halbklösterlichen Lebensform ausschlaggebend. Die Frauen lebten als Spitalschwestern, Konversen, Reklusen, in Konventen von „armen Frauen". Der Vielfalt ihrer Lebensformen entspricht die Vielfalt ihrer Namen. Häufig werden sie Beginen genannt (abzuleiten wohl von Albigenses-Katharer). Neben einzeln lebenden Beginen gab es lockere Gemeinschaften, die über Privatbesitz verfügten, und regulierte Konvente. Die Beginen unterschieden sich durch ihre strikte religiöse Orientierung deutlich von den Laien. Sie gelobten Keuschheit und trugen besondere Kleidung.

Als Begine lebte auch Mechthild von Magdeburg. Was wir über ihr Leben wissen, wissen wir aus ihrem Buch „Das fließende Licht der Gottheit". Geboren wurde Mechthild

Eine Passion, die keine Rücksicht auf die Folgen nimmt:
Mechthild (rechts oben) in einer Illustration
im „Liber de consideratione“ des Bernhard von Clairvaux,
an dessen Brautmystik Mechthild anknüpfte

um 1207 im Erzbistum Magdeburg. In höfischer Umgebung erhielt sie ihre religiös-literarische Bildung; mit zwölf Jahren erfuhr sie den „Gruß des Geistes". Um 1230 verließ sie ihre Familie und begab sich „an einen Ort, wo [sie] nur einen einzigen Verwandten hatte". Seit etwa 1250 begann sie mit der Niederschrift ihres Buches. Um 1270 trat sie in das Zisterzienserinnenkloster Helfta (bei Eisleben) ein. Dort ist Mechthild vermutlich 1282 gestorben.

Ihr Werk „Das fließende Licht der Gottheit" ist ein herausragendes Beispiel für den in der Geschichte der abendländischen Mystik epochalen Schritt vom Latein zur Volkssprache. Ihre doppelte Inferiorität, die natürliche als Frau und die erworbene als Ungelehrte, die sie eigentlich zum Schweigen verurteilt, deutet Mechthild in bemerkenswerter Weise um: Sie redet, obwohl sie als Frau schweigen sollte, weil Gott selbst ihr den Auftrag erteilt.

Das „Fließende Licht" ist eine der kühnsten erotischen Dichtungen des Mittelalters und zugleich ein Höhepunkt der charismatischen Theologie nach Hildegard von Bingen und vor Meister Eckhart. Mit traditionellen Gattungsbegriffen lassen sich weder das Ganze noch die Teile fassen. Am ehesten kann das „Fließende Licht" als Buch der „Bekenntnisse einer minnenden Seele" bezeichnet werden. Es steht in der augustinischen Tradition der „Confessiones".

Das „Fließende Licht" handelt von der Gottesliebe. Mechthild stilisiert sie als leidenschaftliche Liebe zwischen Gott als Bräutigam und der Seele als Braut. Im Rückblick unterscheidet sie mehrere Phasen dieser Liebesgeschichte. „Die Gnade, die in diesem Buch beschrieben ist, gab mir der Herr auf dreifache Weise: zuerst in großer Zartheit, dann in inniger Vertraulichkeit, jetzt mit schwerem Leiden. Es ist die Natur der Liebe, daß sie zuallererst in Süße fließt, dann wird sie reich in der Erkenntnis und zum dritten verlangend und gierig nach der Verworfenheit" (VI, 20).

Mechthilds Liebesmystik bereitet modernen Lesern Schwierigkeiten. Vielfach hat man die Erotik des „Fließenden Lichts“ als Sensualismus und maßlose „bacchantische Gottesliebe“ (H. Scholz) oder als religiöse Taktlosigkeit (A. Ritter) und Mystik überhaupt als „kühne Überheblichkeit des Menschen“ und „esoterischen Atheismus“ (K. Barth) abgetan. Psychoanalytisch verfahrenden Interpretationen gelten Texte wie das „Fließende Licht“ als Zeugnisse einer mißlungenen Sublimation der Triebe. Die Mystikerin suche in der göttlichen Liebe nur das, was die Liebende von der Liebe des Mannes verlangt: die Apotheose ihres Narzißmus (Simone de Beauvoir).

Diese Urteile übersehen den topischen Charakter der Liebesmystik Mechthilds. Schon im Judentum wurde das Hohelied als Allegorie verstanden. Die Idee einer bräutlichen Vereinigung zwischen der einzelnen Seele und Gott formulierte als erster Origenes. An ihn schließt im Mittelalter Bernhard von Clairvaux an, der die Frauenfrömmigkeit der folgenden Jahrhunderte prägte. Die Kritiker übersehen außerdem, daß der brautmystische Diskurs den geschlechtlichen Aspekt des Brautschaftsverhältnisses ausblendet: Mann und Frau können sich ohne Rücksicht auf das natürliche Geschlecht als Braut Christi verstehen. Mechthild knüpft an die Brautmystik Bernhards von Clairvaux an.

In seinen Hoheliedpredigten entwickelt Bernhard im Rahmen einer „théologie admirative“ das Konzept einer Gottesliebe, deren Kern eine wechselseitige Bewunderung der Schönheit ist: Die Braut liebt Gott, der in menschlicher Schönheit erscheint; umgekehrt liebt Gott die Schönheit, das heißt die Selbstlosigkeit der Braut.

Ganz anders erscheint die Gottesliebe schon in der ersten Phase im „Fließenden Licht“ Mechthilds: Die Gewalt der *nackenden minne* reißt die Seele aus allen Beziehungen und bewirkt eine radikale Existenzverlagerung. Ihre elementare Gewalt zwang Gott, in Maria Fleisch anzunehmen. Unter allen Beziehungen zeichnet Bernhard das Liebesverhältnis als zweckfrei und symmetrisch-reziprok aus. Die Gegenseitigkeit und Absichtslosigkeit der Liebe treibt Mechthild auf die Spitze. Eingenommen von ihrer Passion, nimmt die Seele keine Rücksicht auf die Folgen. Und Gott selbst ist nicht der unbewegte Beweger, sondern der von Liebe bewegte, liebeskranke Gott (III, 2), der die Seele als seinen Ruheort sucht.

Die Einheit der Seele mit Gott hatte Bernhard als Übereinstimmung im Willen bestimmt. Mechthild geht über diese moderne Position hinaus. Die Leidenschaft der Liebe überwindet alle Unterschiede. Mit ihrer empathischen Rede von der Einheit gerät Mechthild an den Rand der Häresie.

Zur Semantik der mystischen Brautlieder gehört das Paradox. In ihrer Darstellung der Gottverlassenheit treibt Mechthild die Paradoxierung ins Extrem. Die Liebe entrückt in die Einheit mit Gott und versetzt in die Hölle der Gottesferne.

Mechthild bestimmt nicht nur das Verhältnis des Menschen zu Gott neu, sondern überschreitet die Grenzen einer dualistischen Anthropologie. Der Mensch ist eine Einheit, leibhaftiger Geist und durchgeistigter Leib. Diese Position Mechthilds weist innerhalb des Streits um Leib und Geist und Auferstehung ein ganz eigenes Profil auf. Sie läßt sich weder auf den neuplatonischen Augustinismus der Frühscholastik zurückführen noch auf die thomistische These von der Seele als Form des Leibes. Mechthild intensiviert die

Relation von Leib und Geist. Die Transformationskraft der Liebe bringt Leib und Seele so eng zusammen, daß Sinnlichkeit und Intellekt einander durchdringen: Die Sinnlichkeit wird intelligent und der Intellekt sinnlich.

Die Frauenmystik des späten Mittelalters hat schon in ihrer Zeit zu theologischen Auseinandersetzungen geführt. Meister Eckhart (um 1260 bis 1328), der in Paris als Theologieprofessor und in Straßburg als Vikar des Ordensgenerals mit dieser Spiritualität konfrontiert war, hält gegenüber der Liebesmystik der Frauen an der Ambivalenz mystischer Erfahrung fest. Nicht mystische Virtuosität in Visionen, Auditionen und anderen Sondererfahrungen, sondern tätige Nächstenliebe ist das höchste Kriterium menschlicher Vollkommenheit.

Die Leib- und Affektorientierung der spätmittelalterlichen Frauenmystik wird neuerdings mit den soziokulturell vermittelten geschlechtsspezifischen Dispositionen der Frauen erklärt. Die Affektivität der weiblichen Spiritualität sei Ausdruck einer neuen, positiven Sicht des Körpers. „Sentimentalisierung“ und Körperorientierung sind allerdings kein Spezifikum der Frauenmystik. Sie manifestieren sich seit dem zwölften Jahrhundert im ästhetisch-kulturellen Bereich auf breiter Ebene und werden von beiden Geschlechtern getragen. Diese Phänomene treten zu einer Zeit tiefgreifender Veränderungen in Wirtschaft, Gesellschaft und Kultur auf.

Die Idee der Liebe und die Idee der Freundschaft beherrschen seit dem zwölften Jahrhundert die Diskussion. In Klöstern, Theologieschulen, in semireligiösen Kreisen und an Höfen werden neue Modelle zwischenmenschlicher Beziehungen und der Beziehung zu Gott entwickelt: „Höfische Liebe“, „Freundschaft“, „Mystische Gottesliebe“. Mechthild setzt mit ihrem Konzept einer passionierten Gottesliebe auf die höchstpersönliche Kommunikation mit Gott.

Michael Jeismann

Jüngste Tage
Almosen

Entscheiden Sie sich für Dubai, heißt es in einer aktuellen Anzeige der Regierung von Dubai. In dem arabischen Land soll man nicht bloß Urlaub machen, sondern sich dort niederlassen, um „das Leben gefahrlos zu genießen“: Hier gebe es keine Kriminalität, keine Steuern, dafür aber eine gute medizinische Versorgung und ebenso gute internationale Schulen für den Nachwuchs. Mit anderen Worten: Es gehen jetzt die Reichen freiwillig in die Wüste.

Früher suchten die Armen ein Asyl und die Reichen in elitärer Armut die Nähe Gottes. Und nun Dubai? Eine merkwürdige Verdrehung, die erst dann richtig zur Geltung kommt, wenn man bedenkt, daß die Fremde für jedermann im Mittelalter ein Risiko bedeutete. Es bestand eine gute Chance, entweder das Leben zu verlieren oder arm zu werden – statt wie heute reich zu bleiben, in Dubai. So nahm die organisierte Barmherzigkeit im westlichen Europa ihren Ausgang darin, daß die durch Fremdheit entstehende Bedürftigkeit gelindert wurde: Die Pilger brauchten Nahrung und Obdach.

Aber wer, abgesehen von den Pilgern, galt im Mittelalter eigentlich als arm und bedürftig? Karl der Große entschied, daß die Bedürftigkeit durch den Grad der Arbeitsunfähigkeit sich bestimmte, ein Grundsatz, den die Berufsgenossenschaften heute auch befolgen. Armut bedeutete allerdings mehr und auch anderes, als bedürftig zu sein. Da das Christentum wesentlich eine Religion der Armut war, wurden Verzicht und Mildtätigkeit als Voraussetzungen zur Erlangung des Heils angesehen. Als Ge-

gensatz zur Armut galt nicht der Reichtum, sondern die Hoffart.

Das Almosen wurde gepriesen, weil durch die milden Gaben die Sünden abgebüßt werden konnten und nebenbei der eigene soziale Status unterstrichen wurde. Genauso wichtig war aber auch, daß das Almosen als eine Bedingung gesellschaftlicher Eintracht galt. Fliehen konnten die Reichen damals kaum vor denen, die nichts hatten. Sie begegneten ihnen in den Städten auf Schritt und Tritt. Es war üblich, daß Testamente von Vermögenden Bestimmungen zur Armenspeisung enthielten, und die Klöster führten feste Tage ein, an denen Almosen gegeben wurden. Das Kloster Cluny etwa soll binnen eines Jahres Almosen an über zehntausend Arme verteilt haben.

Im dreizehnten Jahrhundert vollzieht sich schließlich ein rapider Wandel: Auf dem Land führen die zunehmende Geldwirtschaft und die relative Überbevölkerung dazu, daß sich eine deutlich unterscheidbare Schicht von Armen herausbildet, die sich mit Gelegenheitsarbeiten und mit dem Ertrag kleiner Gärten durchschlägt. In der Stadt wird Armut nach und nach ein Massenphänomen, das man zu kanalisieren versucht: An Bedürftige werden eigens kleine Zinnmarken ausgegeben, die ihren legitimen Anspruch dokumentieren; später sollte ein städtischer „Bettelherr" über die Armen wachen. Arme und Arbeiter entwickelten sich zu den „classes dangéreuses", zu „gefährlichen Klassen", vor denen das neunzehnte Jahrhundert zittern sollte. Zugleich ist das dreizehnte Jahrhundert auch das Jahrhundert des „evangelischen Erwachens". Die Idee der freiwilligen Armut wird im gleichen Maß aufgewertet, wie der Umfang der karitativen Praxis wächst.

Bei alledem scheint es über die Jahrhunderte nicht nur eine wechselnde Sozialethik, sondern auch eine changierende Ästhetik der Differenz gegeben zu haben. Heute, da die Unterschiede der Einkommen und Vermögen auch innerhalb der „Überflußgesellschaft" (John K. Galbraith, 1958) stark gewachsen sind, ist die Forderung nach Ausgleich zwar zu hören, aber sie bleibt merkwürdig matt, wie eine Idee der Vergangenheit. Vor allem, wenn nach dem Staat gerufen wird. Der hat sich, wie einst die Kirche, in der Vermittlung zwischen Arm und Reich immer stärker selbst alimentiert und ein Heer von Lohnsteuerknechten gegen eine Masse von Vermögensmillionären gestellt, ohne daß die Bedingungen für die wirklich Bedürftigen sich gebessert hätten. Während die Kirchen nicht bloß Almosen geben wollen, sondern eine neue Sozialethik fordern, haben die westlichen Gesellschaften längst die Rückkehr der Bettler erleben müssen. So kehrt auch das Almosen zurück – nur ohne Hoffnung auf Sündenerlaß.

Das soziale Gefälle aber nimmt sich, von oben wie von unten betrachtet, trotzdem für viele attraktiver aus als die Ebene, weil es Dynamik und Chancen statt Stillstand verspricht. Für alle bedeutet dies ein anderes Lebensgefühl, eine verschobene soziale Geometrie. Arm und Reich aber werden weiter wie ein Zopf ineinander verflochten sein. Und die Armen sind auch schon in Dubai.

Marie Theres Fögen

Barbaren in Byzanz

Ein westöstliches Schauspiel im dreizehnten Jahrhundert

Im Jahr 324 beschloß Konstantin I., eine kaiserliche Stadt im Byzantion am Bosporus zu gründen. Das „Neue Rom“ wurde zur Hauptstadt des Römischen Reiches, nachdem das alte Rom und der Westen im fünften Jahrhundert in die Hände von Goten und anderen geraten waren. Die Geschicke und die Geschichten Westroms und Ostroms trennten sich für Jahrhunderte. Ein Augenzeuge, Niketas Choniates, berichtet, was sich dann im April 1204 zutrug, als die Kreuzfahrer aus dem Westen Konstantinopel stürmten:

„Was soll ich als erstes, was danach, was als letztes erzählen, von dem, was jene blutbesudelten Männer wagten zu tun? In den Gassen war Weinen, Jammern, Wehklagen, die Straßen erfüllte Geheul, die Kirchen Wehgeschrei, Männer schrien, Frauen klagten, Menschen wurden verschleppt, versklavt, auseinandergerissen, vergewaltigt. Das waren die Männer, die das Kreuz auf ihren Schultern trugen, die auf die Heilige Schrift den Eid geleistet hatten, durch christliche Länder ohne Blutvergießen zu ziehen.“

Für die folgenden 57 Jahre etablierten die Lateiner ihr eigenes Königtum im Neuen Rom, das bytantinische Kaisertum zog sich nach Nikaia zurück. Die Spuren einer Auseinandersetzung der Byzantiner mit der Kultur der Lateiner sind spärlich. Sie führen meistens zu theologischen Disputen. Um die Frage, ob das Abendmahlsbrot ungesäuert sein müsse, ließ sich zwischen Ost- und Westkirche so trefflich streiten, daß ein großes Schisma (1054) daraus folgte. Daneben gab es Rivalitäten zwischen Papst und Patriarch. Nicht frei von Eifersüchteleien war auch das Verhältnis zwischen dem byzantinischen Kaiser und dem mit Karl dem Großen wiedergeborenen römischen Kaiser. Aber auf die Debatte des „politischen Denkens" im Osten und im Westen und der, wie wir sie heute zu erkennen glauben, so unterschiedlichen ideologischen Überzeugungen wartet man vergebens.

Kein Schwert und die Türe zu

Auf den Stelzen der Gelehrsamkeit sich in Spitzfindigkeiten verwickeln, das mochten die Lateiner in ihrer barbarischen Sprache und Denkart tun. Byzantiner hatten elegantere Mittel, ihre Botschaften zu vermitteln. In der Literatur und Geschichtsschreibung kann man erfahren, was kluge Autoren jenseits der Schmähungen über die Lateiner dachten.

Zum Beispiel bei dem Geschichtsschreiber Georgios Pachymeres, 1242 als Exilkind in Nikaia geboren. Als es den Byzantinern 1261 gelang, die Lateiner zu verjagen, zog auch der junge Pachymeres nach Konstantinopel. Gegen Ende des dreizehnten Jahrhunderts begann er, ein Geschichtswerk zu schreiben, das ausschließlich die Zeit umfaßte, die er selbst miterlebt hatte. Darin findet sich folgende Geschichte:

Der byzantinische Kaiser im nikäischen Exil, Theodoros II. Laskaris, starb im Jahr 1258. Er hinterließ als Thronfolger seinen achtjährigen Sohn Ioannes IV. Michael Palaiologos sollte Vormund des kaiserlichen Waisenkinds werden. Der Patriarch, Arsenios Autoreianos, sollte der Ernennung Michaels zustimmen. Arsenios kam herbei, Michael ging ihm entgegen, geleitete ihn, indem er die Zügel des Esels führte, zur Versammlung. Der Patriarch billigte sogar, daß Michael zum Mitkaiser akklamiert wurde, nachdem dieser und der Thronfolger einander feierlichste Treueeide geleistet hatten. Michael verlangte daraufhin, vom Patriarchen vor dem kleinen Ioannes gekrönt zu werden. Der Patriarch wurde schwach, obwohl „er sich bewußt war, daß er betrogen wurde". Die Krönungzeremonie fand in Nikaia statt, der junge Ioannes marschierte ungekrönt in der Prozession mit.

Den Patriarchen Arsenios plagten Gewissensbisse, weil er den legitimen Thronerben verraten hatte. Er dankte ab, doch im Thriumphrausch von 1261 konnte auch der Patriarch zur Rückkehr nach Konstantinopel bewogen werden. Michael begehrte nun, in der wahren Stadt gekrönt zu werden, was geschah. Bei dieser Krönung spielte der inzwischen elfjährige Ioannes keine Rolle mehr. Gleichwohl war seine reine Existenz für Michael VIII. Ärgernis genug. Zu Weihnachten 1261 ließ er den Jungen blenden. Der Patriarch reagierte prompt. Schon um des eigenen Ansehens willen übte er Rache an dem eidbrüchigen Michael. Dieser, so erzählt Pachymeres, nahm die Exkommunikation durch Arsenios gelassen hin. Er hoffte nämlich nach Reuebekundungen auf eine baldige Absolution. Doch der Patriarch stellte sich taub. Vermittler wurden eingeschaltet, ohne Erfolg. Der inzwischen zermürbte Kaiser Michael wurde mehrfach persönlich beim Patriarchen vorstellig, und in einer letzten Begegnung spricht er zum Patriarchen:

„‚Was nun? Befiehlst du mir etwa, die Kaiserschaft niederzulegen?' Und als er so fragte, zog er sein Schwert und hielt es hin, um die Gesinnung des Patriarchen zu erforschen. Dieser streckte eilfertig seine Hand aus, um das vorgeblich dargebotene Schwert zu ergreifen, das aber nicht vollständig von der Hüfte gelöst war. Der Kaiser schwenkte nun ins Gegenteil um und schmähte den Patriarchen, er trachte ihm verräterisch nach dem Leben, indem er das Schwert begehre. Gleichwohl setzte Michael seine Krone ab, warf sich Arsenios zu Füßen und schämte sich dessen nicht, obwohl viele Leute zuschauten. Der Patriarch aber wies ihn würdevoll zurück und ignorierte hartnäckig den Kniefälligen."

Michael blieb exkommuniziert. Er drohte, sich an den Papst im Westen zu wenden, bevorzugte aber, ein Synodalverfahren gegen den Patriarchen anzuzetteln, der in der Tat abgesetzt wurde. Doch erst der übernächste Patriarch bot Michael Gelegenheit zur Absolution. Im Februar 1267 durfte der Kaiser in Gegenwart von Senat und Bevölkerung jeden einzelnen Bischof der Synode um Verzeihung bitten und erhielt sie fünf Jahre nach dem Bann. Pachymeres erzählt die Geschichte eines sündigen und exkommunizierten Kaisers. Die Grundidee ist nicht seine Erfindung. Man kannte Vorbilder, an die sich Pachymeres anlehnte:

Im Jahr 390 n. Chr. waren auf Veranlassung des Kaisers Theodosios I. Tausende von Bürgern in Thessaloniki ermordet worden. Der Bischof von Mailand, Ambrosius, verweigerte daraufhin dem blutschuldigen Kaiser den Zutritt zur Kirche. Theodosios kehrte seufzend und weinend in seinen Palast zurück. Die Geschichte von Theodosios und Ambrosius war und blieb im Westen und im Osten des Römischen Reiches bekannt.

Theodosios und Ambrosius waren, dies war den Zeitgenossen nicht entgangen, die Exponenten von *regnum* und *sacerdotium* oder, wie man im griechischsprachigen Osten sagte, von *basileia* und *hierosyne*. Für das im vierten Jahrhundert ambivalente Verhältnis beider Mächte war die Begegnung von Kaiser und Bischof ein bedeutendes Ereignis. Die pastorale Kompetenz des Bischofs, das jedenfalls lernte man in Mailand und vergaß es weder im Osten noch im Westen, erstreckt sich auch auf den Kaiser. Theodosios I. war der letzte Kaiser, der über ein ungeteiltes Römisches Reich herrschte. Seine Affäre mit Ambrosius ist die letzte Geschichte von Kaiser und Kirche, die die Menschen im

Die Niederwerfung des Leon VI. vor Christus; der Kaiser darf die Insignien seiner Macht auch hier tragen: Mosaik im Narthex der Hagia Sophia in Konstantinopel

Westen und im Osten gemeinsam erlebten. In den folgenden Jahrhunderten wußte man nicht mehr viel voneinander.

Auch der Fall der Exkommunikation des byzantinischen Kaisers Leon VI. war in der Wahrnehmung der Byzantiner und in römischer Perspektive grundlegend verschieden. Nach drei kinderlosen Ehen schenkte eine Geliebte Leon VI. den erhofften Thronfolger. Der Patriarch von Konstantinopel, Nikolaos Mystikos, taufte das Kind, unter der Bedingung, daß der Vater sich von der Mutter trenne. Doch wenige Tage nach der Kindstaufe schloß der Kaiser die Ehe mit der Mutter seines Sohns, eine in Byzanz allem weltlichen wie kirchlichen Recht hohnsprechende vierte Ehe. Der getäuschte Patriarch verbot dem Kaiser den Zutritt zur Hagia Sophia. Weihnachten 906 und Epiphanie 907 stand Leon VI. vor verschlossener Kirchentür. Da der Patriarch hartnäckig blieb, wandte sich der byzantinische Kaiser an den Papst im Westen, Sergius III. Dieser fand die Ehe kaum anstößig und gewährte Leon VI., der den Primat über die Ostkirche anzuerkennen schien, bereitwillig Dispens.

Das den Menschen des Westens bekannteste Beispiel eines exkommunizierten Kaisers ist Heinrich IV. Nach einem provozierenden Briefwechsel hatte Papst Gregor VII. 1076 den Bann über den deutschen König verhängt. Die Lösung von der Exkommunikation erfolgte Januar 1077 in Canossa binnen drei Tagen. Doch die Bußszene war Auslöser einer für Jahrhunderte schwelenden Debatte um Grenzen und Grenzenlosigkeit kirchlicher und weltlicher Macht. Begnügte man sich in Byzanz mit einem die Jahrhunderte überlebenden Mosaik, so malte der Westen über Jahrhunderte weiter. Das von Federico Zuccari 1566 vollendete Gemälde ist nur eines von unzähligen Beispielen.

Was in Canossa geschehen war, wußten die Byzantiner, so scheint es, nur in groben Zügen. Anna, die Tochter des byzantinischen Kaisers Alexios I., berichtet: „Der Papst beschuldigte König Enerichos, daß er die Kirchenämter für Geld verkaufe und daß er die bischöfliche Würde wohl auch Unwürdigen verleihe. Der König von Alamania aber beschuldigte den Papst der Usurpation, da er ohne sein Einverständnis widerrechtlich vom apostolischen Thron Besitz ergriffen habe." Ihr schriftstellerisches Talent lebt Anna sodann in der Schilderung des „verabscheuungswürdigen Papstes" aus, der die Gesandten Heinrichs in einer das „Maß gewohnter barbarischer Brutalität" übersteigender Weise mißhandelt habe. Waren die Welten so grundverschieden geworden, daß die Byzantiner nur eine weitere abscheuliche Tat des Papstes registrierten, während der Westen aus Heinrichs Kniefall eine politische Cause célèbre fabrizierte? Kehren wir zu Pachymeres' Geschichte von Michael VIII. und Arsenios zurück.

Dieser schildert einen Konflikt zwischen geistlicher und weltlicher Macht. Die Protagonisten gesellen sich zu ihren

Bußszene: Federico Zuccari, Heinrich IV. vor Gregor VII.

Vorgängern: Patriarch Arsenios zu Gregor VII., Nikolaos Mystikos und Ambrosius; Kaiser Michael VIII. zu Heinrich IV., Leon VI. und Theodosios I. Pachymeres schreibt an der unendlichen Geschichte von *regnum* und *sacerdotium* weiter. Diese Episode erweist sich allerdings als Reprise eines lateinischen Schauspiels. Lassen wir einige Merkwürdigkeiten Revue passieren:

Michael geht dem Patriarchen entgegen und führt dessen Esel am Zügel. Die Geste ist hochpolitisch: „Indem wir (der Kaiser) die Zügel des Pferdes führen, erweisen wir dem Papst den Stratordienst", heißt es im Constitutum Constantini, jener Fälschung der Lateiner aus dem achten Jahrhundert, nach welcher Konstantin der Große dem Papst die Herrschaft über Rom und ganz Italien schenkte. Die Byzantiner konnten nur spotten: In jener verkehrten Welt im Westen schreite der Kaiser „seiner Würde zum Trotz vor dem reitenden Priester zu Fuß einher und lasse sich von diesem als Pferdeknecht verwenden". Pachymeres steckt Kaiser Michael in die Rolle eines westlichen Pferdeknechts.

Michael unterliegt der Exkommunikation nicht etwa wegen seiner brutalen Tat der Blendung des legitimen Thronfolgers, sondern wegen des Eidbruchs. Politische Treueeide gab es in Byzanz nicht vor dem zwölften Jahrhundert; man lernte die Technik der prophylaktischen Selbstverfluchung von den Lateinern. Pachymeres weiß das. Michael und Ioannes, so sagt er, „leisteten die fürchterlichen Eide, was bei den Italienern wegen der mit den Eiden verknüpften Exkommunikation zur Sicherheit geschieht". Pachymeres steckt Michael in die Rolle eines Italieners.

Michael nahm die Exkommunikation nicht schwer, denn er hoffte, baldige Verzeihung zu erlangen. Wie kam er auf diese Idee? Hatte doch sein byzantinischer Kollege Leon VI. vergeblich auf Absolution durch den Patriarchen gehofft. Aber der Papst im Westen hatte ihn eilfertig gelöst. Auch

Heinrich brauchte nur drei Tage abzuwarten, bis der Papst ihn löste. Pachymeres läßt Michael ein wenig Heinrich spielen.

Michael stellt beim Patriarchen persönlich die Frage, die Canossa zum Skandal gemacht hatte: „Befiehlst du mir etwa, die Kaiserherrschaft niederzulegen?“ In der Tat greift der Patriarch „eilfertig“ nach dem kaiserlichen Schwert. Die Krone hat Michael freiwillig abgesetzt. Auch Heinrich war vor dem Papst bar seiner Herrschaftsinsignien erschienen. Das hatte noch kein byzantinischer Kaiser getan. Heinrich hatte sich in Anwesenheit vieler Leute vor dem Papst auf die Knie geworfen. Auch Michael „schämte sich dessen nicht“. Eine solche Szene hatten Byzantiner nie gesehen und nie gemalt. Und schon gar nicht hatte ein Kaiser des Ostens jemals die Frage gestellt, ob er die Kaiserherrschaft niederlegen müsse. Pachymeres inszeniert das Schauspiel von Canossa. Michael erscheint beim Patriarchen mit einem Schwert und einer Krone. Das Schwert gehört nicht zu den byzantinischen Kaiserinsignien. Erst in den späten Jahrhunderten taucht das Schwert nach lateinischem Vorbild als Herrscherinsignie auf. Absonderlicher noch ist die *kalyptra* genannte Krone. Das Wort kann Kappe, Schleier, Kopftuch, notfalls auch Krone bedeuten. Allerdings trug vor Michael kein einziger byzantinischer Kaiser eine *kalyptra* genannte Krone. Eine *kalyptra* und diese zugleich mit dem Schwert erwähnt Pachymeres nur als Herrschaftssymbole des lateinischen Kaisers von Konstantinopel, Balduin II. Schwert und *kalyptra* wurden Michael gebracht zum Beweis der Befreiung Konstantinopels und der Niederlage des lateinischen Herrschers. Pachymeres steckt den byzantinischen Kaiser in den Habit eines lateinischen Herrschers.

Die Inszenierung ist perfekt. Mit der Szene des Stratordiensts hat Pachymeres vorbereitet, daß Michael immer mehr zu einem Lateiner wird. Für einen Moment steht es auf des Schwertes Schneide, ob Canossa sich in Konstantinopel wiederholt. Erst als der lateinisch gekleidete Kaiser die Canossa-Frage stellt, nimmt die Geschichte eine parodistische Wende: Michael will wissen, ob der Patriarch wie der Papst das Schwert für sich beansprucht. Und siehe da, der Patriarch versucht, den Papst zu imitieren, woran er vom Kaiser gehindert wird. Das Schwert wechselt nicht den Besitzer, der Patriarch verschwindet und schließt die Türen, Ende der Vorführung.

Es gibt keine „politische Theorie" in Pachymeres' Erzählung, aber eine Botschaft: Das byzantinische Kaisertum hat sich, dank unerwünschter intimer Bekanntschaft mit den siegreichen Lateinern im dreizehnten Jahrhundert, diesen gefährlich angenähert. Pachymeres erlebte und beschrieb die Folgen: die unglückliche, von ebenjenem Michael im Alleingang und gegen den heftigen Widerstand von Volk und Klerus bewirkte Kirchenunion von Lyon 1274. Von diesem desaströsen Ergebnis rückschauend, stilisiert Pachymeres seinen Michael als einen „Möchtegern-Lateiner", der nahe daran ist, Verrat zu begehen.

Politische Affäre oder Zwiegespräch

Indem er das nicht zuläßt, bestätigt er Bilder, die sich als Weltbilder erweisen. Obwohl die beiden Bilder exkommunizierter und kniefälliger Kaiser unabhängig voneinander entstanden, illustrieren sie in frappanter Ähnlichkeit die Bußszene. Man beachte nur die Demutshaltung beider Kaiser und die mahnende Hand des Christus beziehungsweise Papstes. Die Unterschiede sind freilich auch unübersehbar: Der byzantinische Kaiser kniet vor Christus, Heinrich vor dem Papst. Heinrich hat seine Insignien abgegeben; der byzantinische Kaiser trägt bei aller Demut seine Krone. Über dem byzantinischen Kaiser schwebt Maria, über Heinrich die bekanntlich höchst umstrittene Markgräfin von Tuszien, Mathilde. Neben Christus und Maria ist auf dem byzantinischen Mosaik nur ein Engel anwesend; auf dem westlichen Gemälde versammeln sich Vertreter des Mönchtums, der weltlichen und geistlichen Macht. Für den byzantinischen Kaiser ist die Absolution von Schuld eine Sache zwischen ihm und Christus; für den deutschen König ist es eine politische Affäre.

Pachymeres' Geschichte war keine überwältigende Wirkung vergönnt. Im Westen wurde sie gar nicht gelesen, auch nicht, als der Text erstmals 1666 in Rom gedruckt wurde, und auch nicht, als man bis weit ins neunzehnte Jahrhundert um die rechte Ordnung von *regnum* und *sacerdotium* weiterstritt. Was die Byzantiner dazu zu sagen hatten, stand, so meinte man, ja seit langem fest. Beim Konzil von Ferrara/Florenz im Jahr 1438/39 wurde der Patriarch, Joseph II., gefragt, wie sich denn der Papst benommen habe und in der Kirchenunionsfrage eingestellt sei. Der Patriarch: „Gut. Er tadelte nur die Knechtschaft unserer Kirche der Staatsgewalt gegenüber." Eine Ansicht, die anhaltend nachgeplappert wurde. „Cäsaropapistisch" nannte und nennt man seit dem achtzehnten Jahrhundert das byzantinische Regime. Was konnten die Byzantiner auch anderes sein als Tyrannen der Kirche? Und was konnten die Kirchenvertreter anderes sein als Büttel des Kaisers? Michael ist kein gutes Beispiel eines „Cäsaropapisten". Und der Arsenios, der „abtaucht", sich aber nicht korrumpieren läßt, ist ebensowenig eine gute Büttel-Figur. Ein büßender, aber nicht kapitulierender Kaiser und ein „machtloser", aber im passiven Widerstand siegreicher Kirchenfürst – das sind byzantinische Figuren, die der Westen nicht kannte. Pachymeres' Protagonisten standen quer zu dem im Westen gepflegten Cäsaropapismus-Bild. Sie wurden nicht zur Kenntnis genommen. Man könnte auch vermuten: Sie wurden totgeschwiegen.

Albrecht Kunkel

Formelbuch

1, 1, 2, 3, 5, 8, 13, ...

Um 1174, als in Pisa der Bau des sich bald als spektakulär neigenden Campanile begann, wurde der Kaufmann Guglielmo Konsul der Pisaner Handelsniederlassung in Bugia (dem heutigen Bejaia in Algerien). Dort ließ er seinen jungen Sohn von einem arabischen Rechenmeister unterweisen. Die Folgen wirken bis heute nach.

Leonardo von Pisa, auch Fibonacci genannt, veröffentlichte 1202 „Liber abaci“, das „Buch vom Abakus“, das die erste systematische Einführung des Mittelalters in praktisch anzuwendende Arithmetik enthält. Das Werk wurde rasch vielfach kopiert und fand auch das Interesse Kaiser Friedrichs II. Nach einer Audienz korrespondierte Leonardo öfter mit dessen Hof, dem damaligen Zentrum des Geisteslebens. So kam es, daß sich zuerst in der Gelehrtenwelt und schließlich allgemein die bis dahin in Europa kaum gebräuchlichen arabischen Ziffern durchsetzten, mit denen sich viel leichter addieren und subtrahieren läßt als mit den römischen – vom Multiplizieren und Dividieren gar nicht zu reden. Das derart vermittelte islamische Kulturgut, das seinerseits griechische und indische mathematische Errungenschaften tradierte, wurde eine Grundlage der Renaissance.

Der letzte biographische Beleg ist, daß Pisa im Jahre 1240 Leonardo für seine Verdienste um die Stadt eine Leibrente zubilligte. Eine Art Denkmal bekam er erst im neunzehnten Jahrhundert: Seither nennt man die Lösung einer Denksportaufgabe des „Liber abaci“ Fibonacci-Folge. Sie entsteht, indem man – siehe oben – mit 1 und 1 beginnt und dann jeweils die Summe der beiden vorangehenden Glieder anreiht. Die Eigenschaften dieser merkwürdigen Folge, die Beziehungen zum Goldenen Schnitt und vielen Zahlenverhältnissen in der Natur hat, scheinen unerschöpflich; noch immer werden neue entdeckt.

Otto Gerhard Oexle

Die Fragen des Franziskus

Die Erscheinung des „Idioten": Freiwillige Armut und das Stehenlassen der Gesellschaft

Wenige Monate vor seinem Tod (1226) diktiert Franziskus von Assisi in seinem Testament seine Gedanken über den Unterschied zwischen einem „Leben nach der Form des Heiligen Evangeliums" und dem „Leben nach der Form der Heiligen Römischen Kirche", dem Leben der kirchlichen Würdenträger und des Klerus. Seine Lebensweise faßt er zusammen in einem Satz, den man zuerst lateinisch lesen sollte; er heißt: Et eramus idiotae et subditi omibus. Man kann diesen Satz – wie das meist geschieht – glatt übersetzen mit den Worten: „Und wir waren ungebildet und jedermann untertänig."

Diese Übersetzung ist unzulänglich. Denn der Kaufmannssohn aus Assisi war weder ungebildet und schon gar nicht irgend jemandem „untertänig". Es lohnt sich, diesen Satz mit den politischen, wirtschaftlichen, gesellschaftlichen und mentalen Prozessen und Phänomenen des so reichen dreizehnten Jahrhunderts in Beziehung zu setzen.

Es war ein Jahrhundert eindrucksvoller und folgenreicher Institutionenbildungen. Berühmt ist der „Staat" Kaiser Friedrichs II., des Staufers, in Süditalien und Sizilien, nicht weniger berühmt die Herrschaft König Ludwigs IX., des Heiligen, in Frankreich, während die Magna Charta von 1215 über das Verhältnis des Königs von England zu seinen Baronen die Richtung der künftigen englischen Verfassungsentwicklung anzeigt. An der Spitze der römischen Kirche steht am Anfang des Jahrhunderts Papst Innozenz III., der mit dem IV. Laterankonzil (1215) eine Reform des Klerus einzuleiten suchte, der die religiösen Bewegungen, auch die des Franziskus, förderte und der doch zugleich in der Entfesselung des Kreuzzugs gegen die häretischen Albigenser im Süden Frankreichs einen wenig rühmlichen und rasch gescheiterten Versuch der Durchsetzung der Orthodoxie durch Gewalt zuließ.

Die Kämpfe Friedrichs II. mit den Päpsten seiner Zeit bedeuten die letzte große Auseinandersetzung der beiden universalen Mächte. Das für beide Seiten um die Jahrhundertmitte sichtbare Scheitern implizierte für die römische Kirche und das Papsttum den Abstieg zu einer Macht mittlerer Größe in Italien. Der Versuch zu einer erneuten Geltendmachung universaler Ansprüche um 1300 konfrontierte Papst Bonifaz VIII. dann mit König Philipp dem Schönen von Frankreich und einem neuen Typus säkularer Macht. Das Papsttum wurde für lange Zeit zu einem Exponenten französischer Politik, was sich schon seit der Mitte des dreizehnten Jahrhunderts abgezeichnet hatte.

Signifikant ist auch ein neuer „Stil“ der Politik. Das beginnt bereits mit dem vierten Kreuzzug (1204) gegen die Byzantiner, der eine lateinische Herrschaft in Byzanz etablierte und den Aufstieg Venedigs zur Seemacht eröffnete, während die Wiedereroberung der Stadt durch Kaiser Michael VIII. Palailogos (1261) Genua als maritime Gegenmacht etablierte. Die Königswürde von Jerusalem hat Friedrich II. durch Vertragsschluß mit den Muslimen erlangt. Das Ende der Staufer in Süditalien konstituierte die Herrschaft der französischen Anjous in Süditalien, die wiederum 1282 durch König Peter von Aragón in Sizilien begrenzt wurde.

Die Ereignisse sind die Folge weitausgreifender, konkurrierender Bündnissysteme, die den gesamten Mittelmeerraum umfaßten und in denen sich ein langfristiges, rationales politisches Kalkül manifestiert. Fördernd wirkte dabei das Vordringen der Mongolen seit der Jahrhundertmitte bis nach Mitteleuropa und in den Mittelmeerraum, womit sich die Wege wie die Gedanken nach Asien öffneten, „Asien" in das Denken und Handeln der Europäer Eingang fand.

Damit wiederum kam jene „Handelsrevolution" (R. S. Lopez) in Gang, durch die europäische Kaufleute Träger eines von China über Zentralasien und den Orient ins Mittelmeer und von da nach Nordeuropa, nach Flandern und in den Nord- und Ostsee-Raum sich erstreckenden Netzes von Handelsbeziehungen wurden. Stilwandel aber auch in anderen Bereichen der Gesellschaft. Mehr noch als das zwölfte ist das dreizehnte Jahrhundert ein Jahrhundert der ritterlich-höfischen Kultur, der ersten autonomen Laienkultur des Okzidents.

Auch die französische Bewegung erlebte eine dynamische Institutionenbildung. Mit den „Bettelorden" (zu denen auch der von Dominikus begründete Prediger-Orden der Dominikaner gehört) entstand ein neuer Typus von Mönchsorden. Doch ist darauf aufmerksam zu machen, daß die Entstehung des Franziskaner-Ordens der sogenannten „Minderbrüder" (fratres minores) mit dem Wirken des Franziskus wenig zu tun hat. Sein Testament wurde deshalb ein Anlaß für nicht endende Streitigkeiten über das „richtige" Verständnis des von Franziskus eigentlich gemeinten religiösen Lebens.

Die im Testament benannte Gestalt des „Idioten", die hier erstmals ins Licht der Geschichte tritt und der über die Figur des „Laien" bei Nikolaus von Kues und bis zu Dostojewski eine bedeutsame Geschichte beschieden sein wird, ist jener Mensch, der nicht nur auf Reichtum und auf gesellschaftliche Positionen freiwillig verzichtet, sondern sogar auf die Geltendmachung jener Macht, die durch Bildung und Wissen ausgeübt werden kann. Das Programm des „subditi omnibus" meint nicht „Untertänigkeit", sondern

Unterbietung und Infragestellung allen gesellschaftlichen Ranges. Dies aber geschieht bei Franziskus nicht als Kampf und Absage, sondern im ruhigen Gewährenlassen und Stehenlassen dessen, was ist. Franziskus läßt alle Arten von gesellschaftlichen Unterscheidungen und deren Bedingung: Macht, Reichtum, Ansehen bestehen, wie er in der sogenannten „Regula non bullata“ niedergelegt hat. Dem allem stehen die „Minderbrüder“ gegenüber – als die Lebensform der grundsätzlichen Relativierung jeglicher gesellschaftlichen Unterschiede. Franziskus plädiert für den Frieden, der niemals der Sieg der einen über die anderen, auch nicht der Sieg der Gläubigen über die Ungläubigen oder der Rechtgläubigen über die Häretiker oder auch nur der Armen über die Reichen oder der frommen Laien über die verweltlichten Priester und Bischöfe sein kann. Franziskus nannte diesen seinen Weg eine *via simplicitatis*. Er war eine Praxis, aber auch ein Wissen, eine *scientia*. Franziskus wußte, daß dieser Weg etwas Neues war, wußte auch, daß dieser Weg ihn als einen „Verrückten“, *idiota* im anderen Sinn des Wortes, abstempelte. Aber ebendarin ist seine Wirkung in allen kommenden Jahrhunderten und bis heute begründet – ähnlich wie bei Elisabeth von Thüringen (gestorben 1231), die von ihren Verwandten ihres Engagements für die Armen wegen für verrückt erklärt und auf die Straße gesetzt wurde.

Franziskus stellt nicht Wissen und Intellektualität, sondern den gesellschaftlichen Habitus, den man darauf gründen, die gesellschaftlichen Positionen, die man damit einnehmen kann, in Frage. An dem neuen Wissen, das die Universitäten lehrten und verbreiteten, haben freilich nicht nur Dominikaner wie Thomas von Aquin, sondern auch zahlreiche Franziskaner-Gelehrte Anteil gehabt. Noch dramatischer und folgenreicher als das neu rezipierte Wissen auf der Grundlage der aristotelischen Philosophie und Naturwissenschaft erscheint die Suche der „Erfahrung“.

Friedrich II. hat das in der Einleitung zu seinem Buch über die Falkenjagd so formuliert: Seine Absicht sei, „die Dinge, die sind, so darzustellen, wie sie sind"; und: „Gewißheit erlangt man nicht vom Hörensagen." Neue und bestürzende Erfahrungen vermittelte den Europäern auch die Öffnung ihrer Welt nach Asien hin. Franziskaner-Mönche wurden als erste zur Erkundung des Neuen und der Möglichkeiten einer Missionierung ausgesandt. Für die Europäer begann ein erstes Zeitalter der Entdeckungen. Franziskaner-Mönche wie Johannes von Plano Carpini und Wilhelm von Rubruk boten neues Erfahrungswissen und begannen zugleich mit Europakritik. Und schließlich gab es noch eine andere Welt, die auf dem Wege der Erfahrung erkundet wurde: die Welt der Armen und der Armut. Die freiwillige Armut war auf eine wirkliche Übernahme der Bedingungen der unfreiwilligen Armut gegründet. Die freiwillige Armut war also nicht, wie die Historiker unseres Jahrhunderts immer wieder angenommen haben, eine Veranstaltung zur Selbstprofilierung und zur Beeindruckung der übrigen Gesellschaft. Sie ist aus den Mentalitäten und Lebensformen des Okzidents nie mehr verschwunden, auch dann nicht, als mit dem vierzehnten und fünfzehnten Jahrhundert die Diffamierung und Disziplinierung der Armen und ihre Erziehung zur Arbeit einsetzten.

Die byzantinische Kultur hat keinen Franziskus von Assisi, keine Elisabeth von Thüringen hervorgebracht. Man möchte genauer verstehen, warum das so ist.

Felicitas Schmieder

Wenn die Tartaren kommen

Endzeitliche Umdeutungen: Wie die mongolischen Reiter vom Feind zum Freund wurden

Die Zeit ist endlich – und am Ende wird Christus zur Erde zurückkehren, um das Jüngste Gericht zu halten. Das Ende der Weltgeschichte erwarten die mittelalterlichen Christen prinzipiell bald. Trotz aller Warnungen über die Ungewißheit der Stunde versuchten die Menschen, sie zu berechnen. Jahrtausendwenden sind besonders verdächtig, daher ist es wichtig, sie genau zu bestimmen. Eine solche Jahrtausendwende lag mitten im dreizehnten Jahrhundert; der kalabresische Abt Joachim von Fiore hatte sie für 1260 errechnet. Zeichen für das Weltende waren genügend beschrieben, in der Bibel und im prophetischen Schrifttum. Man brauchte diese Zeichen nur in der eigenen Zeit zu lesen.

Und wirklich, die Welt geriet in Bewegung. Unerwartet brachen 1241 Reiterhorden aus Asien über Europa herein. Die Mongolen schlugen zwei christliche Ritterheere in Schlesien und in Ungarn und richteten Verwüstungen an. Sie machten auch vor Kindern und Greisen nicht halt, sollen ihre Opfer sogar gefressen haben. Der Name, der den Europäern zu Ohren kam: die Tartaren – dieser Name sagte doch schon alles: Sie kamen direkt aus dem Tartaros, der Hölle! Waren gar Gog und Magog, jene Völker in den vier Winkeln der Welt aus der Offenbarung des Johannes, aufgebrochen, um dem Antichrist zu Hilfe zu eilen? Berichteten die Mongolen doch selbst, daß sie hinter Bergen aufgebrochen seien, hinter solche hatte einst, so die Legende, Alexan-

Aufbruch der Mongolen:
Aus der „Cronica“ des Giovanni Villani,
zweite Hälfte 14. Jahrhundert

der der Große jene apokalyptischen Völker eingeschlossen, damit sie sich erst zum Ende der Zeiten würden befreien können.

Man brauchte Gewißheit. Prinzipiell galten alle Völker als aus der Überlieferung bekannt. Auch dieses mußte identifizierbar sein. Zudem war es Aufgabe der Christen, alle Völker zu bekehren oder zu vernichten, damit die Welt christlich werde. Es war die tiefe Überzeugung von seiner Verantwortung auch für die nichtchristlichen Völker, die Papst Innozenz IV. Boten zu den Fremden aussenden ließ. Der rechtsgelehrte Papst hatte begonnen, die völkerrechtlichen Bedingungen für das Zusammenleben auch von Völkern verschiedener Religionen zu definieren. Mönche der neuen Orden des Franziskus und Dominikus, die sich der Mission verschrieben hatten, sollten diplomatischen Protest gegen die Überfälle auf Christen einlegen, sie sollten die Mongolen bekehren – und sie sollten spionieren. Der Papst rüstete sie aus mit einem Katalog von dringlichen Fragen nach Herkunft, Religion, Sitten und Gebräuchen, Kriegstaktik und Behandlung von Gesandten.

Der hohen Systematik des Katalogs ist es zu verdanken, daß der Franziskaner Johannes von Plano Carpini Europa schon 1245 umfassend über die Mongolen informieren konnte. Er war bis in die Mongolei gelangt; man fragte ihn aus und riß ihm seinen Bericht aus den Händen. Aber Johannes wagte keine Spekulation, weder über die Identität der Mongolen noch das damit verbundene Weltende: Zu überwältigend war das Fremde. Also mußte man weiter forschen. Zahllose Mönche, Kaufleute wie Marco Polo, Diplomaten und Abenteurer reisten auf Johannes' Spuren bis nach China und Indonesien, erschlossen den riesigen Kontinent.

Noch Columbus sollte von diesem Wissen profitieren, als er nach Westen aufbrach, um in den Osten der Erde zu gelangen, im Gepäck einen Brief an den Großkhan der Mongolen. Die Berichte gaben den verschiedensten Überlegungen über und Erwartungen an die Mongolen neue Nahrung. Vielfältigste Beschreibungen, Erzählungen, Geschichten, die die Reisenden nach Westen mitbrachten, trafen dort auf festgefügte, buntschillernde Bilder vom Orient. Langsam drang Neues ein, vermischte sich jedoch noch lange mit der Tradition, wurde abendländisch interpretiert – bevor schließlich die vielen notwendig gewordenen Korrekturen das alte Weltbild sprengen mußten.

Zu Anfang nährten die Berichte auch endzeitliche Befürchtungen (und Hoffnungen) bezüglich der Tartaren. Noch waren deren Bedeutungen ja unentschieden. Die Mongolen waren zwar nach 1241 nicht weiter in Europa vorgedrungen, doch hatten sie ihren Welteroberungszug im Vorderen Orient fortgesetzt. 1258 fiel Bagdad. Vor allem die Europäer im Heiligen Land gerieten zwischen die Fronten der verhaßten Sarazenen und der gefürchteten Tartaren. Am

1. März 1260 schilderte Bischof Thomas von Bethlehem den Bischöfen und Herren des Abendlandes die Angst derer, die aus nächster Nähe erlebten, wie die Zuchtrute Gottes sich zur Vernichtung des gesamten Erdkreises anschickte. Da zerbrach am 3. September 1260 bei 'Ain Galut, wo einst David den Goliath besiegt hatte, der Mythos von der Unüberwindlichkeit der Tartaren – und Europa jubelte über den Sieg seiner sarazenischen Todfeinde.

1260 ging vorüber – hatte Joachim geirrt? Man interpretierte ihn um, denn irgendwann würde es soweit sein. Aber die Mongolen sah man in Zukunft nur noch selten als apokalyptische Völker. Daneben aber trat ein neuer Gedanke. Wieder waren es reisende Europäer, die das Material bereitstellten für ein neues Bild. Waren doch die Mongolen im Vorderen Orient – geschwächt, aber nicht vernichtet – die Hauptfeinde der Sarazenen und damit die natürlichen Verbündeten der Europäer. Zudem waren sie keine religiösen Eiferer, sondern behandelten die beherrschten Christen gut, ließen sie nicht nur ihre Religion ausüben, sondern sogar missionieren. Vielleicht waren die Mongolen von Gott gesandt, um getauft zu werden und schließlich die Sarazenen zu besiegen. Ein reger Briefwechsel entspann sich zwischen mongolischen und europäischen Potentaten. Man kam zwar niemals zusammen, denn ebensowenig wie die Europäer vorläufig ein Bündnis mit Heiden eingehen konnten, konnten die Mongolen die Bedeutung begreifen, die für die Europäer in ihrer Taufe gelegen hätte – hier stieß kulturelles Mißverstehen unüberwindlich aufeinander.

Doch orientalische Christen wie europäische Reisende setzten ihr ganzes Wissen ein, um zu vermitteln. Sie übersetzten Briefe so, wie die Empfänger es hören wollten, sie brachten neue, nun hoffnungsvolle Prophetien mit, sie suggerierten Annäherungen und bewirkten sie so allmählich. Ihr größter Coup dürfte der Auftritt einer mongolischen

Gesandtschaft auf dem Konzil von Lyon 1274 gewesen sein: Die Gesandten ließen sich taufen. Jetzt war das Bündnis ganz nahe. Das Konzil hatte zudem einen neuen Kreuzzug gegen die Sarazenen beschlossen und war mit den Griechen eine Kirchenunion eingegangen – Joachims Bedingungen schienen fast erfüllt. In Lyon hatten sich, so klang es bald in der gegnerischen Propaganda, die Könige der Welt vor dem Papst gebeugt, dieser den höchsten Punkt seines Hochmuts erreicht – Zeichen dafür, daß die Welt bald untergehen würde.

Das Weltende blieb auch diesmal aus, ein Bündnis zwischen Europa und den Mongolen scheiterte letztlich an zunehmender Schwäche beider Seiten – doch die Überlegungen führten zu gedanklicher und diplomatischer Annäherung, und die Erfahrungen, die man beim gegenseitigen Kennenlernen gemacht hatte, behielten ihren Wert und ihre Wirkkraft für die Zukunft.

Frankfurter Anthologie

Redaktion: Marcel Reich-Ranicki

Walther von der Vogelweide

In einem zwîvellîchen wân

In einem zwîvellîchen wân
was ich gesezzen und gedâhte,
Ich wollte von ir dienste gân;
wan daz ein trôst mich wider brâchte.
Trôst mag ez rechte niht geheizen, owê des!
ez ist vil kûme ein kleinez trœstelîn,
sô kleine, swenne ichz iu gesage, ir spottet mîn.
doch fröut sich lützel ieman, er enwizze wes.

Mich hât ein halm gemachet frô!
er giht, ich sül genâde vinden.
Ich maz daz selbe kleine strô,
als ich hie vor gesach von kinden.
Nû hœret unde merket ob siz denne tuo:
„si tuot, sie entuot, si tuot, sie entuot, sie tuot".
swie dicke ichz alsô maz, so was daz ende ie guot.
daz trœstet mich: dâ h'ret ouch geloube zuo.

Hans Christoph Buch

Am Strohhalm der Hoffnung

Über: *Walther von der Vogelweide, In einem zwîvellîchen wân*

Fast acht Jahrhunderte trennen uns von der Entstehungszeit dieses Gedichts, das aller Einfühlung zum Trotz für heutige Leser nicht mehr unmittelbar verständlich ist. Nicht nur die Sprache, auch die Denkweise des Mittelalters mutet uns befremdlich an, denn zusammen mit den Wörtern sind auch die Sachen verschwunden, welche sie einst bezeichneten. Erstere sind in Klosterbibliotheken, letztere in Museen abgewandert, und die längst verhallte Melodie, zu der solche Verse gesprochen oder gesungen wurden, haben Musikwissenschaftler nur unvollkommen rekonstruieren können.

Den Klang des Mittelhochdeutschen hat die Sprache der im Spätmittelalter aus Deutschland vertriebenen Juden, das Jiddische, reiner bewahrt als Neuhochdeutsch. Es genügt, das vorliegende Gedicht laut zu lesen und dabei die nicht mit Zirkumflex akzentuierten Vokale kurz zu sprechen, um sich dem Originalton des Gedichts anzunähern. Und wenn man weiß, daß kume „kaum", giht „sagt" und dicke „sehr" heißt und daß die Vorsilbe *en-* das darauffolgende Verb verneint, erschließt sich der Inhalt der Verse fast von selbst.

Die erste Strophe beginnt ähnlich wie Walther von der Vogelweides wohl bekanntestes Gedicht: *Ich saz ûf eime steine/und dahte bein mit beine.* Es ist die Pose der Dürerschen Melancholie oder des Denkers von Rodin, in der der Dichter seinen Lesern und Zuhörern entgegentritt, als Hamlet, dessen Legende der Däne Saxo Grammaticus zur gleichen Zeit niederschrieb. Der *zwîvellîche wân,* die düsteren

Gedanken des Dichters, aber werden nicht vom Lauf der Welt verursacht oder von der Fäulnis im Staate Dänemark, sondern durch unerwiderte Liebe: eine Erfahrung, die banal erscheint, weil Menschen sie zu allen Zeiten gemacht haben – *doch wem es just passieret/dem bricht das Herz entzwei,* wie ein mit Walther von der Vogelweide seelenverwandter Poet namens Heinrich Heine sechshundert Jahre später schrieb.

Der Zufall, griechisch *tyche,* ist der Freund der Dichter, deren Kunst darin besteht, die günstige Gelegenheit beim Schopf zu packen, um dem Augenblick Dauer zu verleihen – Glück ist nur ein anderes Wort dafür. Der Zufall spielt dem unglücklich Verliebten am Tiefpunkt seiner Depression den sprichwörtlich gewordenen Strohhalm zu, an den sich seine Hoffnung wie ein Schiffbrüchiger klammert.

Vom zyklischen Umschlagen der Melancholie in ihr dialektisches Gegenteil, die Euphorie, wußte Walther von der Vogelweide dankenswerterweise nichts, sonst hätte er eine psychologische Abhandlung geschrieben und kein Gedicht. Das Abzählen von Blütenblättern oder der Abschnitte auf einem Halm – sie liebt mich, sie liebt mich nicht – ist noch heute ein unschuldiger Zeitvertreib für Kinder, Verliebte und solche, die es werden wollen. Das Ritual ist viel älter als das vorliegende Gedicht, es stammt aus vorchristlicher Zeit und war wie das Handlesen und die Weissagung der Zukunft aus dem Vogelflug oder dem Blut eines Opfertiers bei allen Völkern der Welt verbreitet. Heute macht man dasselbe mit Kristallkugeln oder mit Kaffeesatz oder, noch zeitgemäßer, mit Hilfe der Wettervorhersage oder Börsenbeobachtung.

Hier zeigt sich die zeitlose Aktualität von Walthers Gedicht, aus dem über die Jahrhunderte hinweg ein modernes Individuum spricht, das eine universelle Erfahrung artikuliert, indem es das vom Strohhalm versprochene Glück mit ironischem Augenzwinkern in Frage stellt. Wer's glaubt, wird selig: *dâ hœret ouch geloube zuo.*

Walther von der Vogelweide: „Gedichte". Herausgegeben und übersetzt von Peter Wapnewski. Fischer Taschenbuch Verlag, Frankfurt a. M., 23. Aufl., 1998.

Dirk Schümer

Die Fesseln lieben lernen

Auf Falkenjagd mit Friedrich II.

Friedrich II. von Hohenstaufen, der im multikulturellen Palermo elternlos aufwuchs, in Apulien den modernen Verwaltungsstaat einzuführen versuchte, der 1229 Jerusalem per Vertrag übernahm und trotzdem als ein teuflischer Sultan von diversen Päpsten verfolgt wurde, war zweifellos der glanzvollste Kaiser des Mittelalters. Die Untertanen, die zu ihrem Glück meist wenig genug von seinen unangenehm effektiven Regierungsmethoden mitbekommen hatten, erzählten einander noch lange nach seinem Tod, Friedrich warte tief unten im Kyffhäuser auf seine Wiederkunft. Daß dieser Herrscher sich als Naturforscher betätigte und seine Erfahrungen in der Enzyklopädie „De arte venandi cum avibus" zusammenfaßte, hatte zu seiner Zeit kaum jemand gewußt.

Der Kaiser liebte die „Kunst, mit Vögeln zu jagen", kümmerte sich um die Abrichtung seiner Falken und faßte das Wesentliche seiner Leidenschaft für die Söhne zusammen, darüber hinaus höchstens noch für einen kleinen höfischen Kreis. Das Original, das Friedrich seinem eigenen Bekunden nach außer seinem Erben das Teuerste auf Erden war, wurde ihm 1248 bei der Belagerung von Parma aus dem Zelt geraubt. Die Prachthandschrift blieb verschollen, aber zwei Kopien überdauerten bis heute. Nicht nur wegen des illustren Autors überliefern sie den merkwürdigsten Text des dreizehnten Jahrhunderts.

Historiker, die sehr viel später das Falkenbuch des Kaisers einsahen, staunten maßlos über so viel nüchterne Zoologie im Mittelalter. Wir Laien müssen jedoch heute nicht unbedingt über mehrere Kapitel die Kunstgriffe studieren, wie man einem Falken die Augenlider vernäht, wie man ihm eine Lederkappe über den Kopf zieht oder wie man ihm die Leckerbissen kocht, mit denen er sich bei Aufregung am besten ablenken läßt. Uns genügt das Urteil des unbestechlichen Leopold von Ranke, der Friedrich als einen der größten Ornithologen aller Zeiten bezeichnet. Der arg cäsarophile Ernst Kantorowicz sah in dem Buch gar einen „Wendepunkt im abendländischen Denken".

Und all die Aufregung wegen eines Kaisers und ein paar Falken? Es ist Friedrichs Methode, die so gut zu seinem rationalen, bisweilen zynischen Regierungsstil paßt und die für seine Zeit ungemein fortschrittlich wirkt: „Unsere Absicht ist aber in diesem Buch über die Falknerei, das, was ist, so zu zeigen, wie es ist." Der Autor läßt sich von der eigenen Erfahrung leiten und weist stolz darauf hin, wenn er eine Koryphäe, und sei es den großen Aristoteles, widerlegen konnte. Das bedeutete viel, hatte doch Friedrichs Hofphilosoph Michael Scotus dessen zoologische Traktate aus dem Arabischen übersetzt.

Nun aber machte sich die Methode des Sammelns und Korrigierens selbständig. „Gewißheit", schrieb der mißtrauische und neugierige Kaiser, „erhält man nicht durch das Ohr." Darum war er der erste, der in einfachem Latein den Kolonnenflug der Zugvögel genau beschrieb und erklärte, daß die Tiere durch ihr Geschrei beieinanderzubleiben versuchen. Friedrich studierte, fußend auf arabischen Traktaten, den Körperbau der Vögel, ihre Schwungfedern und Krallen und versuchte sich lange vor Linné an einer groben Klassifizierung. Nicht zufällig sind allen Handschriften detaillierte Miniaturen beigefügt, die ganz wie heutige Lehrbücher das Wesentliche visualisieren. Bis dahin kam das Mittelalter bequem mit den „Physiologus" aus. Dieses

Dedikationsbild zur Handschrift der „Falkenjagd“, 1232, Rom

spätantike Tierleben war nicht im geringsten an zoologischen Fakten interessiert, sondern deutete alles, was kreucht und fleucht, sinnbildlich für die christliche Heilsgeschichte.

Die Kunst des Mittelalters befaßt sich deshalb gerne mit dem Pelikan, der vorgeblich nach Christi Vorbild die eigene Brut mit dem Blut der aufgerissenen Brust füttert. Oder mit dem polyglotten Sittich, der den auferstandenen Heiland korrekt mit Namen begrüßt. Oder mit wundersamen Paarhufern wie dem Phönix oder dem Einhorn, die nicht einmal Friedrichs scharfsichtige Falken zu erspähen vermochten. Der Kaiser entdeckte dagegen als erster Gebildeter (Bauersleute werden's schon lange gewußt haben), daß der Kuckuck seine Jungen hinterlistig von anderen Vögeln großziehen läßt. Und was schließt Friedrich daraus für die Heilsgeschichte? Was bedeutet ihm der Kuckuck in Gottes Metaphernbau, der das All zusammenhält? Offenbar nichts. Ein Kuckuck ist ein Kuckuck. Das zu begreifen ist schon sehr viel.

Und doch steht dieser Kaiser, den eine gewisse Historie zum blonden Übermenschen zu stilisieren versuchte, obschon er eher ein struppig-rothaariges Mickermännchen gewesen ist, mit seiner empirischen Naturerkenntnis nicht allein. Wer über die Araber die Kategorienlehre der Peripatetiker vermittelt bekam, begnügte sich wie der britische Franziskaner Roger Bacon oder der schwäbische Dominikaner Albertus Magnus nicht mehr mit dem Nachbeten von Autoritäten. Ganz ohne den Umweg des Studiums hatte Francesco, ein reicher Kaufmannssohn aus Umbrien, die kraftspendende Sonne gepriesen und den Vögeln – Tauben gleichberechtigt mit Falken – gepredigt. Viele Menschen des dreizehnten Jahrhunderts kannten diesen „Wunsch, die Wirklichkeit voll auszuschöpfen" (Georges Duby), so wie Kaiser Friedrich, der, zugegeben, die beste Infrastruktur dafür zur Hand hatte. Aber er war beileibe kein „stupor mundi", kein hypermodernes Wundertier außerhalb seiner eigenen Epoche. Er war nur viel weniger beschränkt als die meisten seiner Herrscherkollegen.

Doch läßt sich das trocken beschreibende Falkenbuch auch auf einer zweiten, moralischen Ebene lesen. Anders als sein arabischer Lehrmeister Moamin, der gleichfalls ein Traktat zum Thema hinterlassen hatte, nannte Friedrich seine Lieblingsbeschäftigung nicht „scientia", sondern „ars". Einen frei fliegenden Falken zur Jagd abzurichten und, wie von unsichtbaren Fäden gezogen, wieder zu seinem Herrn zurückzuholen – das bedeutete für den Kaiser die höchste aller Künste. Ein Falkner mußte ohne Rücksicht auf Hunger, Durst und Müdigkeit für seine Tiere dasein, mußte am Glockenklang ihre Bewegungen erkennen, Gefahren ahnen und sich notfalls durch reißende Gewässer kämpfen, dem edlen Tier hinterher.

Es ist überliefert, daß junge Falkner am Hof in wichtige diplomatische Dienste aufsteigen konnten. Die Disziplin, die diese Kunst forderte, sah Friedrich als eine Charakterschule für höhere Aufgaben. Er schrieb voller Selbsthochachtung, in der Falknerei liege die Vollendung der menschlichen Würde, weil sie den Menschen über die Kreatur triumphieren lasse, weil somit der Mensch den Tieren „einen Teil ihrer Natur nehmen und eine andere Natur geben“ könne. Die Technik war in der Tat zukunftsweisend.

Auch die höfischen Ritterromane des dreizehnten Jahrhunderts versuchen sich an einer komplexen Tugendlehre, jenseits der brutalen Wirklichkeit. Doch Höfischkeit und Minne, die Parzival und Willehalm, Tristan und Titurel auf ihren Abenteuern erkämpfen, waren wahrscheinlich bloß intellektuelle Köder, mit dem eine in ihrer Exklusivität und ihrem Waffenmonopol bedrohte Klasse von Edlen eine Traumwelt über die Zeit zu retten versuchte – elegische, wundersame Unterhaltungskunst. Doch während sie sich von den Sängern in Gestalt einer Artusrunde feiern ließen, die es nie gegeben hatte, wurden die berittenen Kampfpanzer von gut organisierten Bogenschützen und Lanzenstechern niedergemacht wie Maikäfer, die auf den Rücken gefallen waren.

Da wirkt dieser Kaiser Friedrich, der hinter den Wildgänsen herspäht und ins kleinste Kuckucksnest schielt, gegenüber den esoterischen Rittern und den spitzfindigen Scholastikern erfrischend natürlich, nüchtern, vorurteilslos, modern. Denn das ist genau die Mentalität, mit welcher der Okzident sich die Welt und die Natur unterwerfen sollte. Sein Falkenbuch – darin liegt wohl der tiefste Grund für die Leidenschaft des Imperators – ist ein Traktat über das Herrschen. Genauer gesagt, über die höchste Kunst des Herrschens, bei der das unterworfene Subjekt keine Fesseln mehr braucht, weil es sie liebt.

„Über die Kunst, mit Vögeln zu jagen". Miniaturen aus einer Handschrift des Falken-Buches von Friedrich II. Mit einem Geleitwort von Carl A. Willemsen. Insel Verlag, Frankfurt a. M. 1979. 88 S.

Gertrud Fussenegger

Sein Jahrhundert gegen den Strich gebürstet

Jean de Meung, genannt le Clopinel und der „Rosenroman II. Teil"

Jedes Zeitalter bringt merkwürdige Paradoxien vor, und um so merkwürdiger werden sie uns sein, je beschränkter der Raum, je dichter die Nachbarschaft ist, in denen sie ihre Gegensätze entfalten. Da haben wir etwa Paris um 1280: Zehn Jahre zuvor ist Ludwig der Heilige gestorben, er hat regnum und religio aufs Innigste verbunden. Die scholastische Theologie steht in Hochblüte und, wie um ihre Lehren triumphal zu bestätigen, ist soeben die Kathedrale Notre Dame vollendet worden. Christentum, Zeitgeist, und Gesellschaft präsentieren sich in einzigartiger Kongruenz.

Da wird eben in diesem Paris, einen Katzensprung von den Zentren der Macht entfernt, ein Buch geschrieben, das sich allen Grundsätzen seines Jahrhunderts verweigert, ein Buch des Hasses gegen jede Obrigkeit, eine voraufklärerische Absage an die Kirche, an die Symbolik, Ethik und Ästhetik der feudalen Welt.

Man möchte meinen: Ein Autor so rebellischer Art müßte verfolgt, zum Ketzer erklärt und sein Werk verbrannt werden. Nichts davon. Sein Buch wird mit Begeisterung gelesen kopiert und verbreitet. Es wird Lieblingslektüre der Eliten (also von Adel und Geistlichkeit); wie wäre es sonst zu erklären, daß sich heute noch ganze zweihundertfünfzig handschriftliche Exemplare allein in Frankreich ausmachen lassen; es dringt auch nach England vor. Nur Deutschland verschließt sich ihm. Es findet noch im Zeitalter des Buchdrucks neue Liebhaber und zahlreiche Neuauflagen.

Vom Autor Jean de Meung, genannt le Clopinel, wissen wir nicht viel. Einmal heißt es, er sei ein angesehener Prälat gewesen, das andere Mal – ein armer Schreiber, den man, ungehörigen Betragens wegen, aus seinem Amt entfernt habe.

Sein Werk ist „Des Rosenromans II. Teil". Was heißt das? Um 1230 starb ein junger Dichter Guilleaume de Lorris. Er hinterließ ein Fragment, den „Rosenroman", ein allegorisches Gedicht um die Liebe eines Ritters, der die Geliebte allerdings nur in der Gestalt einer Rose, vielmehr nur als Spiegelbild einer Rose in einem geheimnisvollen Brunnen erblicken darf. Das Gedicht galt als Muster ritterlicher Poesie und wurde gern gelesen. Dieser Erfolg mag es gewesen sein, der fünfzig Jahre später einen Geist ganz anderer Art aufreizte, eine Fortsetzung zu verfassen. Er übernahm zwar das Symbol der Rose und weitgehend auch die Personage des Lorris'. Darüber aber stülpte er ein monströses opus von zwanzigtausend Versen, grob geschneidert und grobianisch, zwar gelehrt, doch bar jeder sublimativen Poesie. Seine Sprache ist holprig, sein Vokabular dürftig, dafür ergeht sich der Text in unendlichen Abschweifungen. In diesen allerdings stecken die erstaunlichsten Aussagen.

Clopinel wagt es zwar nicht, sich als Atheist zu bekennen. Sein Weltbild ist halb heidnisch, halb deistisch. Gott habe, gibt er zu, zwar die Welt erschaffen, sie aber dann sogleich seinen Statthalterinnen Natur und Vernunft übergeben. Anfangs ging alles gut: Die Menschen lebten fröhlich, besitzlos und ohne Eifersucht in munterer Promiskuität miteinander. Alles gehörte allen. Doch bald war das Goldene Zeitalter vorbei. Unseligerweise begann man Eigentum zu erwerben, und sogleich reizten Neid und Habsucht zu Unrecht und Gewalt. Der Stärkere beraubte den Schwachen, um alsbald von einem noch Stärkeren beraubt zu werden. Das Chaos war allgemein.

In solcher Lage helfe, was eben helfen mag: „Vous lisez y sans desroy, comment est fait lu premier roy! ..." – Da könnt ihr ohne Umschweife erfahren, wie man den ersten König machte. Man wählte einen Anführer, einen großen knochigen Lümmel, den stärksten von allen, der tüchtig prügeln konnte, der sollte den Schwächeren Schutz gewähren, wofür ihm diese zu gehorchen hatten." Ein contract social, wie ihn kein Aufklärer besser, nüchterner hätte erdenken können. So besteht Clopinel auch weiterhin darauf: „Malice – la mère de seugnerei", daß nur Bosheit die Mutter aller Herrschaft sei. Bosheit und Unverstand herrschen auch heute noch in der Gesellschaft. Beamte, Richter, Büttel – nichts als fluchwürdiges Gesindel – und gar die Bettelmönche, die elenden Heuchler! Man sollte ihnen die Kutten vom Leibe reißen, man sollte sie zur Arbeit treiben, denn: „Arbeit ist besser als Gebet." So wütet Clopinel gegen fast jedermann und alles. Ehe und Keuschheit hält er für naturwidrig, auch mit der naiven Schmuckfreude seiner Zeit hat er nichts im Sinn. Wozu braucht's denn auch schon hübscher Kleider, goldener Ketten, glänzender Waffen? Zum Teufel mit dem ganzen Kram, mit Stolz und Standesdünkel!

Einer einzigen Menschengruppe bezeugt der Autor Sympathie. Es sind die Armen, die Proleten in der Stadt Paris, die Lastträger und Säckeschlepper. Sie haben kein Eigentum – sind trotzdem fröhlich, die braven versprengten Kinder des längst versunkenen Goldenen Zeitalters.

Für die damals allmächtige Magie der Krone hat Clopinel gar nichts übrig. „Wenn ein König nichts taugt, dann – nur vorwärts! Schlagt ihm den Kopf ab! Fürchtet keinen Frevel, denn ist er mal tot, ist seine Leiche auch nicht mehr wert als der Kadaver eines Hundes!" Fünfhundert Jahre später werden die Leichen des hingerichteten Ehepaars Capet tatsächlich in die Schindergrube geworfen.

Merkwürdige Vorwegnahme von weit Späterem. Nahmen die feudalen und geistlichen Leser des Rosenromans keinen Anstoß an den wilden Verfluchungen gegen ihre eigenen Prinzipien, gegen ihr eigenes Weltbild? Offenbar nicht. Offenbar amüsierten sie sich vor allem über die pornographischen Passagen, in denen sich der Autor – neben seinen Invektiven – in seinem Werk ausführlich erging, indem er das Symbol der Rose, das sein Vorgänger Lorris in die geheimnisvolle Spiegelferne der Poesie versenkt hatte, augenzwinkernd zu groben Anzüglichkeiten plattgewalzt und banalisiert hatte. Die Zukunftsweisung entging den Lesern, zu Clopinels Glück.

El Greco, Ludwig der Heilige von Frankreich,
Ölgemälde, um 1590, Louvre, Paris

Hans-Herbert Räkel

Der Heilige und sein Biograph

Die moderne Geschichtsschreibung und König Ludwig der Heilige

In der Mitte der französischen Geschichte und mitten im dreizehnten Jahrhundert finden wir Ludwig IX., wie er, von tödlicher Krankheit geheilt, 1244 sein Kreuzzugsgelübde ablegt. Vielleicht war die Erinnerung an ihn in Frankreich etwas verblaßt nach den Feuerwerken zum zweihundertsten Jubiläum der Revolution und nach dem Papstbesuch zur Feier des eintausendfünfhundertsten Jubiläums der Taufe Chlodwigs 496 in Reims. Nun ist sie wieder aufgefrischt, und zwar dank einem tausendseitigen Buch, dessen Titelblatt zwei Namen vereinigt: „Le Goff" und „Saint Louis". Kaum eine bedeutendere französische Tages- oder Wochenzeitung hat es versäumt, eine enthusiastische Würdigung dieses außergewöhnlichen literarischen Ereignisses zu veröffentlichen.

Der Außenstehende wird die Verwunderung nicht gleich nachfühlen können, die allein daher rührt, daß Jacques Le Goff eine Biographie schreibt. Bemerkenswert ist das auf jeden Fall, denn die französische Geschichtswissenschaft hat die „Nouvelle Historie", die Neue Geschichte, in dem halben Jahrhundert, das nach dem Zweiten Weltkrieg vergangen ist, mit oft missionarischem Eifer auf ihre Fahnen geschrieben, das historische Ereignis und die große Persönlichkeit als Untersuchungsgegenstände verpönt und dagegen den langfristigen Entwicklungen wirtschaftlicher, sozialer, mentaler Strukturen und Institutionen eine beinahe absolute Vorrangstellung eingeräumt. Die VI. Sektion des École pratique des hautes études (seit 1975 École des hautes études en sciences sociales) kann als ihre Hochburg gelten; Jacques Le Goff gehörte ihr seit 1960 an und war von 1972 bis 1977 ihr Präsident. Die Dynamik der Neuen Geschichte brachte es mit sich, daß sie sich mit immer neuen Beiwörtern schmückte, sich auch in der Phase ihrer Etabliertheit noch als eine „Bewegung" empfand und eine Art von Telos in der „totalen Geschichte" (historie totale) postulierte. Weder das Wort „Bewegung" noch das Wort „total" haben im Französischen jene Anrüchigkeit, die sie im Deutschen umweht.

Mit der Überraschung des Publikums hat der Autor gerechnet und liefert in seiner Einleitung eine methodologische Begründung seines Unternehmens. Da die Neue Geschichte erst in der totalen Geschichte zu sich selber findet, muß die neue Biographie totale Biographie werden. „Welcher Gegenstand", fragt der Autor, „kristallisiert mehr und besser die Gesamtheit seiner Umwelt und die Gesamtheit der Gebiete, welche der Historiker aus dem Feld des historischen Wissens herausschneidet, als eine Persönlichkeit?" Eine Persönlichkeit erkannt man nun nicht an dem, was sie mit anderen teilt; ihre Individualität besteht rein logisch in dem, was sie von allen anderen unterscheidet. Für Ludwig IX. paßt das gut. Zwei Dinge unterscheiden ihn deutlich von seinen Zeitgenossen und Vorgängern: Er ist König, wenigstens in Frankreich damals der einzige, und Heiliger, was kein anderer französischer König war (und sein wird), so daß Jacques Le Goff schreiben kann, er sei mit ihm zum Gipfel der politischen Macht und zum Paradies vorgestoßen.

Im ersten Teil wird in eher klassischer Weise, in chronologischer Abfolge und mit einer fast schulbuchmäßigen Gliederung nach großen Lebensabschnitten, die „Lebensgeschichte" des Helden erzählt: „Von der Geburt bis zur Heirat" (1214 bis 1234; mit zwölf Jahren wird Ludwig gekrönt, seine Mutter Blanka von Kastilien regiert für ihn), „Von der Heirat bis zum Kreuzzug" (1234 bis 1248; er kauft die Reliquie der Dornenkrone 1239 und baut dafür die Sainte Chapelle, er siegt über die Engländer 1242/43 und erhebt sich mit dem Kreuzzugsgelübde 1244 zum Verteidiger der Christenheit), „Kreuzzug und Aufenthalt im Heiligen Land" (1248 bis 1254; das nostalgische Unternehmen scheitert, der König wird gefangengenommen und gegen Lösegeld wieder freigegeben). „Von einem Kreuzzug bis zum anderen und zum Tod" (1254 bis 1270; es ist die Wende seines Lebens, er will ein endzeitlicher König werden, er reformiert sein Königreich, er macht Saint Denis zur Grabeskirche der gesamten französischen Monarchie und stirbt auf seinem zweiten Kreuzzug vor Tunis, für die ihm Nahestehenden als Märtyrer), „Vom Tod bis zur Heiligsprechung" (1270 bis 1297; es ist die erste Etappe des Nachlebens, seine Reliquien wirken Wunder, aber seine Heiligkeit wird nicht dadurch, sondern durch sein heiligmäßiges Leben begründet).

Was folgt, ist ein Meisterwerk historischer Dekonstruktion. Die Leben-Jesu-Forschung mit ihrer Entdeckung der „literarischen Gattungen" ist das Vorbild dieser erkenntnisreichen Wendung. Als Artist, der seine Gesten wie im Schlaf beherrscht, führt Le Goff seinem Leser der Reihe nach alle Typen von Quellen vor und fragt danach, wie die Produktion der Erinnerung sich abgespielt hat. Ein Schwarm von Gemeinplätzen über den König erfüllt den Raum der Erinnerung an ihn. Die Frage, ob er existiert habe, wird dringlich bis zum Überdruß: Da schlägt die Darstellung in eine Beschwörung um, das neunte Kapitel heißt „Der ‚wahre' Ludwig IX. von Joinville". Dieser Jean von Joinville, der dem König nahestand wie kaum ein anderer, sein Begleiter auf seinem ersten Kreuzzug war, schreibt als über Achtzigjähriger fast vierzig Jahre nach dem Tod des Königs (also zur Zeit des Enkels, Philipps des Schönen, und Urenkels, Ludwigs X.) seine Erinnerungen auf, deren literarischer Ruhm bis heute erstrahlt: „Der Text führt uns in eine authentische Beziehung ein, er erlaubt uns die Begegnung mit einem ‚wahren' Ludwig dem Heiligen, den Joinville gekannt hat, und nicht mit dem kulturell vermittelten idealen Modell."

Der König kommt uns näher, wenn Joinville erzählt, daß er bei einem großen Fest in Saumur eine Mütze trug, die ihm gar nicht stand: Das kann nicht erfunden sein! Eine historische „Tatsache" als Abweichung festzumachen ist ein klassischer Griff der Neuen Geschichte, selbst wenn dieses Detail für die Kenntnis Ludwigs IX. unbedeutend sein mag. Aber gerade der Einblick in Momente des Privaten zeigt etwas Wesentliches, daß Modell und Realität in Ludwig kongruieren: „Der ideale König seiner Hagiographen ist er selber!" Das ist ein genialer Handstreich, der Lösung des Gordischen Knotens vergleichbar, aber eben ein Handstreich. Wer möchte schon zugeben, daß einer darum unkonventionell sein soll, weil er alle Konventionen übererfüllt?

In Joinvilles Erzählung begegnet Jacques Le Goff dem heiligen Ludwig von Mensch zu Mensch, im Konstrukt des gelebten Ideals dagegen trifft der Historiker seine Figur. Dieses Konstrukt ist nun im dritten Teil die Basis für eine explosive Entfaltung der totalen Biographie mit dem methodischen Arsenal der Neuen Geschichte. Hatte er am Anfang versprochen, daß er nicht über „Ludwig und sein Königreich" oder dergleichen schreiben würde, so hat er nun die Ebene erreicht, auf der er im Dienste der Entfaltung des Individuums „Heiliger Ludwig" über solche Themen schreiben muß. Ludwig der Heilige als Sonnenkönig, Pilgrim, Endkaiser, Büßer, neuer Salomon, Weiser, Richter, Friedensstifter, Krieger, Heilbringer und Thaumaturg, oberster Lehnsherr, Volkskönig, Verwalter, Gatte, Familienvater, devoter Gewissensforscher, Christusnachfolger und Judenverfolger, schließlich gar Christus: Mit ausgebreiteten Armen spricht er Jesu letzte Worte (nach Lukas) und haucht sein Leben zu der Stunde aus, da Gottes Sohn am Kreuz starb. Dieser „wahre" König ist ein wahrer Mensch, das Produkt einer Art von herzerwärmender Anbiederung an das, was er mit Joinville und uns gemein hat, das Allzumenschliche. Percy Ernst Schramm hat sein Wesen 1939 in einem Satz erfaßt: „Er war doch, was die Welt in ihm sah."

Seine Rolle in der Geschichte, sein Handeln in der Welt, sein Bild bei seinem Volk fließen harmonisch zu einem Dreiklang. Was er auch tut, er schlägt immer mehrere Fliegen mit einer Klappe: Religion, Moral, Recht, Staatsräson, persönliche Heilsbegierde und politischer Erfolg kongruieren: Ludwig der Heilige ist ein glücklicher König!

Trotz der symbolischen und realen Inbesitznahme imperialer und endzeitlicher Funktionen bleibt er aber der König von Frankreich, und das auch für die Zukunft: Sein später Nachfahr Karl V. der Weise (1364 bis 1380) nannte ihn „Blume, Ehre, Licht und Spiegel nicht unseres königlichen Geschlechts, sondern aller Franzosen". Er ist der erste König, „den wir französisch sprechen hören können" und dessen Verwaltung beginnt, französisch zu schreiben. Obwohl Jacques Le Goff Wert darauf legt, daß man im Mittelalter nicht von einem Nationalgefühl sprechen könne, so ist doch die nationale historische Perspektive unabweislich: „(Ludwigs) Scheitern hat ihn menschlicher gemacht und in den Ablauf einer Nationalgeschichte eingeordnet, die in einem Wechsel von Glück und Prüfungen besteht, welche das Kollektivbewußtsein befähigt haben, die Unglücksfälle in die historische Identität einzubeziehen." Der heilige Ludwig macht auch heute noch Identifikationsangebote, und sie werden angenommen: Der Rezensent in „Le magazine littéraire" sieht ihn „eine ‚nationale' Identität entwerfen", macht aus dem „christlichsten König" („le roi très chrétien") den „französischsten König" („le roi très français"). Er existiert, größer, schöner, wirklicher denn je, restauriert mit allen Mitteln, die der modernen historischen Wissenschaft zur Verfügung stehen. Dieser „Heilige Ludwig" ist ein Geschenk des Historikers an die Nation.

Jacques Le Goff hat nach seinem eigenen Zeugnis seine Person und Situation mit einbezogen, „ohne den Leser mit dieser latenten Selbstkritik zu langweilen". Diese Bemerkung macht stutzig. „Es kommt mir nicht zu zu sagen, was mich bestimmt hat, den Versuch zu machen, der Historiker des Heiligen Ludwig zu werden, auch nicht, was in mir Einfluß genommen hat auf meine Art, ihn zu sehen, zu zeigen und zu erklären. Wenn sie es nützlich finden, mögen andere auf diese Frage antworten." Aber ist das nicht die erste Frage, die er selbst an Autoren gestellt hat, die über den heiligen Ludwig geschrieben haben? Müssen wir nicht, wenn wir die Lehren der totalen Biographie begriffen haben, nach einer Biographie von Jacques Le Goff Ausschau halten?

Während der Autor die totale Biographie schrieb, hat er dem Drängen von Kollegen nachgegeben, sich autobiographisch zu äußern, in einem Sammelband „Ich-geschichtliche Versuche" und dann noch in einem Interview mit Marc Heurgon unter dem Titel „Ein Leben für die Geschichte".

Das letzte Kapitel darin schreibt sozusagen Sofort-Biographie („biographie immédiate"), denn es handelt vom „Heiligen Ludwig". Auch hier gibt der Autor keine Antwort auf jene Frage, die er anderen zur Beantwortung überlassen möchte. Direkt befragt (von Bernard Lecomte in „L'Express"), warum er Ludwig den Heiligen gewählt habe, antwortet er: Nicht so sehr Jacques Le Goff als vielmehr der Historiker in ihm hat einen Gegenstand gewählt, an dem er sich erneut als solcher ausweisen konnte. Die Autobiographie zeigt einen Jacques Le Goff, der in frühester Kindheit beginnt, seine Individualität als die eines Historikers zu programmieren. Zufälle fördern die Karriere: „Der Glücksfall meiner Laufbahn war im Grunde, daß ich die konkreten Erfahrungen meines Lebens mit den im engeren Sinne wissenschaftlichen und intellektuellen Anstrengungen im historischen Bereich zur Deckung bringen konnte."

Jacques Le Goff möchte sein, was er darstellt. Die frühen Erfahrungen und die politischen Vorlieben, die er ungeschminkt mitteilt (Sympathie für die Linke, Horror gegenüber Bigotterie, Kolonialismus, Rassismus, Militarismus, Immunität gegen Kommunismus, politisches Engagement für Bevölkerungsmischung, Begeisterung für Europa), bauen freilich nur wenige begehbare Brücken zum heiligen König, und nur eine einzige wackelige wird genannt: „Heute kann seine tiefe Identifikation mit der Christenheit ihm Respekt bei den Anhängern des europäischen Gedankens verschaffen." Tragfähiger scheint eine Idee, die er in der Ich-Geschichte äußert: „Ich bin mehr und mehr überzeugt, daß die Franzosen nicht nur eine priviligierte und beinahe neurotische Beziehung zu ihrer Vergangenheit unterhalten, sondern daß der Geist der Geschichte der hauptsächliche Baumeister des französischen Staates und der französischen Nation gewesen ist. Frankreich hat sich mehr als andere Staaten auf historischem Bewußtsein erhoben." Diese Einsicht betrifft nicht nur Frankreich, sondern, wenngleich negativ, alle Staaten, die sich an einem vereinten Europa beteiligen wollen. Dürfen wir die totale Biographie als eine Amplifikation dieser Überzeugung auffassen?

Jacques Le Goff: „Saint Louis". Gallimard, Paris 1996. 992 S. (Die deutsche Übersetzung ist in Vorbereitung).

Pierre Nora (Hrsg.): Essais d'ego-histoire". Gallimard, Paris 1987. 378 S.

Jacques Le Goff: „Une vie pour l'historie". Entretiens avec Marc Heurgon. La Découverte, Paris 1996. 155 S.

Dieter Bartetzko

Blicke aus fernen Spiegeln

Die lastende Freude des Seins: Statuen der späten Stauferzeit

Daß der Staufer Friedrich II. das „Staunen der Welt" gewesen sei, weiß selbst, wer sonst nichts über den Kaiser und seine Zeit weiß. Zum Gemeinplatz ist geworden, was eigentlich ein Kryptogramm der Epoche ist. Denn staunend wie seit Jahrhunderten nicht mehr betrachtete man seinerzeit sich und die Welt: „Ich komme, ich weiß nicht, woher, ich gehe, ich weiß nicht, wohin, mich wundert, daß ich so fröhlich bin", soll damals, fast zweihundert Jahre vor Huttens „Es ist eine Lust zu leben", ein wandernder Steinmetz in einen Quader des Regensburger Doms gemeißelt haben. Das ist, egal, ob von Lessing erfunden oder tatsächlich geschehen, das Menetekel des erwachenden Selbstbewußtseins, das uns aus der Kunst dieser Zeit herüberleuchtet, auch in seinem Zweifel heutigem Lebensgefühl so staunenswert nah, wie die Unbefangenheit fassungslos staunen läßt, mit der Friedrich II. befohlen haben soll, zwei Sklaven zu schlachten und zu sezieren, nur aus der Neugierde heraus, ob nach Mahlzeiten ein Ritt oder ein kurzer Schlaf der Verdauung förderlicher sei.

Ein zuweilen barbarischer Philosoph auf dem Kaiserthron, ein gelegentlich philosophierender Barbar auf der Landstraße; zum Greifen nah und zugleich unendlich fern ist uns dieses Säkulum, in dem die Vagantenlieder entstanden, Klerus, Adel und Bürgertum in Universitätsgründungen wetteiferten, Ketzer zu Tausenden abgeschlachtet wurden, während in Friedrichs Apulien, Kalabrien und Sizilien die drei

Weltreligionen koexistierten, sich Florenz 1250 eine demokratische Verfassung gab, mit dem „Osterspiel von Muri" das Drama wiederauferstand und 1248 ein geldgieriger Narr das Schießpulver aus China nach Europa schmuggelte.

Eines hat diese Zeitspanne allen anderen mittelalterlichen Jahrhunderten voraus: ihre Skulptur, die ab 1230 für knappe vier Jahrzehnte plötzlich so wirklichkeitsnah gestaltet wurde, daß nur ein Schritt sie vom Heute zu trennen scheint und ein weiterer sie in jenes „gemeinsame Haus Europa" trüge, das heute Politiker so feierlich beschwören. Denn nicht nur im Kernland der neuen Gotik, nicht nur in den Kathedralen von Reims, Chartres und Straßburg tauchten die steinernen Gesandten der Diesseitigkeit auf, sondern auch an allen Ecken und Enden jenes verschwommenen Riesengebildes, das später, als es endgültig zum Schatten geworden war, Heiliges Römisches Reich Deutscher Nation genannt werden sollte: In Bari und Mainz, im Bamberg, Magdeburg und Naumburg werden Skulpturen aufbewahrt, die denen der Isle de France gleichen wie enge Geschwister.

Wenn ein Unterschied bestünde, so analysierte die Kunstgeschichte, dann der, daß die Statuen im heute deutschen Umfeld noch eine Idee zupackender seien als ihre eher höfisch eleganten Ebenbilder westlich des Rheins. Eine Folge vielleicht der Territorialkämpfe zwischen Landesfürsten und Kaiser, deren Selbstbehauptungswillen sich in individuellen, fordernden Gesichtern und Gestalten niedergeschlagen habe. Um so drastischer, je ferner sie jenem Süditalien waren, wo Friedrich II. Juden, Araber und Christen gleich achtete, in orientalischen Trachten und antiken Tuniken umherging, byzantinische Duftöle in maurischen Glasflakons benutzte und gebannt vom Armutsideal des Franziskus las.

Die fast magische Unmittelbarkeit der Statuen machte das kunstgeschichtliche Instrumentarium lange Zeit stumpf. Was vermochten die ordentlichen Fragen nach Chroniken, nach Auftraggebern, sakralen oder profanen Zusammenhängen, geplanter oder willkürlicher Aufstellung gegen solche Suggestion? Immer wieder sind Kunsthistoriker und Schriftsteller beispielsweise der Versuchung der „Uta von Naumburg“ erlegen: Das *fin de siècle* erkannte in ihrer kalt schmollenden Mimik die Lockung seiner eigenen *femme fatale,* die zwanziger Jahre projizierten allen Adel in sie, den das wilhelminische Kaiserreich verschlissen und die neue Republik kaltgestellt hatte, das Dritte Reich faselte von Hoher Frau und „Schoß, draus Helden wachsen“, die DDR identifizierte die virtuos gemachte „Repräsentantin der Gesellschaftsordnung des Feudalismus“. Heute steht nur fest, daß Uta, ihr Gemahl Ekkehard und die anderen Paare im Naumburger Dom Stifter des elften Jahrhunderts darstellen, fast zweihundert Jahre später von ihren ehrgeizigen Nachfahren beim „Naumburger Meister“ in Auftrag gegeben, unerhört nicht nur im Realismus, sondern auch, weil ihnen mit der Aufstellung an den Pfeilern des Westchors ein Platz eingeräumt wurde, der zuvor höchsten Heiligen vorbehalten war.

Das verhindert nicht, daß Uta noch immer – oder seit der Wiedervereinigung neuerlich – eine Massenpopularität genießt, die Dürers „Betenden Händen“ gleichkommt. Derart groß ist die Faszination jener Bildnisse, daß sie sich selbst zum Opfer fallen können. Der Mißbrauch zum Beispiel, den die Nazis mit dem „Bamberger Reiter“ getrieben haben, als sie in ihm den arischen Herrenreiter gen Osten entdeckten und ihn fotografisch ins Übermenschliche stilisierten, ist in der Skulptur angelegt: So dringlich sind ihre markanten Züge, so gelassen und doch gespannt Haltung und Gestus, daß auch die nüchternste Fotografie nicht den Eindruck anrührend melancholischer Heroik vermeiden kann. Auch heute ist man wider besseres Wissen jedesmal überrascht, im Bamberger Dom das Original als zierliche Steinmetzarbeit zu finden, die fast von der Wucht des hartkantigen Chorpfeilers erschlagen wird.

Den jüngsten einer nie vollendeten Gruppe der Heiligen Drei Könige wollten Forscher in der Figur erkennen, andere den heiligen Martin zu Pferd oder den heiligen Ungarnkönig Stephan. Auch der römische Glaubenskaiser Konstantin wurde genannt und, unvermeidlich, wenn es um jene Epoche geht, Friedrich II. Stilistisch weist die Skulptur nach Reims, so wie die Bamberger „Heimsuchung“: Maria und Elisabeth – in beiden Kathedralen stehen sie souverän einander gegenüber, frei agierend und gekleidet wie römisch-antike Standbilder; die jüngere einer hübschen Vestalin gleichend, die ältere Base einer von Wissen und Gram zerfurchten Sibylle von Cumae ähnelnd. Immer wieder wird vermutet, man habe zumindest in Reims echte Antiken nachgeahmt. Sicher ist das nur in Bari, wo es eine antikisierende Porträtbüste Friedrichs II. gibt, um die Stirn ein Gebilde, das Caesars Lorbeerkranz oder eine Basileus-Binde sein könnte.

So oder so: viele Figuren jener Jahre sind erst auf den zweiten Blick als mittelalterliche Wiedergänger der Antike zu erkennen. Ebenso erstaunlich ist, wie sie auf die betont zeitgenössisch gekleideten Figuren bezogen sind: Maria und Elisabeth, Christus und die Apostel werden im antiken Gewand zu jenseitigen Garanten einer Ewigkeit, die der staufische Caesar und Basileus Friedrich seinerseits für sein irdisches Reich beansprucht. Ihnen stehen die modisch gekleideten Naumburger Stifter gegenüber, leibhaftige Dynastien hier und jetzt, oder die Klugen und Törichten Jungfrauen des Magdeburger Doms, virtuose und wunderschöne Schauspielerinnen für Glauben und Moral im Diesseits, adligen Fräulein abgesehen, die ein strenger Bischof wohl wegen Putzsucht gerügt hätte.

All das kulminiert in „Ecclesia et Synagoga“, die in Reims, Straßburg und Bamberg die Kirchenportale flankierten. Die triumphierende Kirche so elegant, jung und wunderschön darzustellen wie eine Landesfürstin leuchtet noch ein. Doch was mag die Bildhauer und deren Auftraggeber bewogen haben, Synagoga trotz gebrochenen Speers und fallender Gesetzestafeln ebenso anmutig darzustellen, so, als solle sie jeden Moment ihren gebeugten Nacken heben und die Augenbinde abnehmen, um mit den gleichen wachen Mandelaugen in die Welt zu schauen, mit denen ihre Bezwingerin Ecclesia die Christenheit anblickt?

Um die Mitte des dreizehnten Jahrhunderts tobte die zweite Welle von Pogromen durch Deutschland. Davon wissen diese Statuen nichts. Und selbst die zeitgenössischen „Judenhüte", die Gegner und Verräter Christi am Westlettner des Naumburger Doms tragen, wirken eher exotisch als brandmarkend. Sogar der Messiasmörder Judas, dem die Silberlinge ausgezahlt werden, ist dort nicht Schurke, sondern Verzweifelter. So mitleiderregend ist seine Miene gestaltet, daß romantische Gemüter darin ein Selbstporträt des Bildhauers erkennen wollen.

In den zwanziger Jahren trieb eine erlösungssüchtige Gegenwart das Staunen über diesen anonymen Künstler und das über den Stauferkaiser einander zu: 1927 veröffentlichte Kantorowicz seine zweibändige Friedrich-Biographie, ein Eisguß auf den kindisch-gefährlichen Kyffhäuser-Kult der Reaktion, und 1928 entdeckte man im Mainzer Dom vermauerte Fragmente des 1682 abgerissenen Westlettners. Die Handschrift des Naumburger Meisters war in fast unversehrten Gruppen von „Seligen und Verdammten" unverkennbar. Doch die Aufmerksamkeit konzentrierte sich auf den „Kopf mit Binde", das von Trauer gezeichnete Gesicht eines jungen Mannes, über der Stirn ein gefältelter Tuchstreifen, unter dem Locken hervorquellen. Rotviolette Farbspuren gaben für Enthusiasten den Ausschlag, in ihm Friedrich II. zu erkennen, der, antike Traditionen aufgrei-

Schön und souverän noch in der Niederlage: Die „Synagoga" des Straßburger Münsters, um 1225/35

Ein Schemen: Der „Kopf mit Binde“, nach 1230

fend, die kaiserlich-königliche Stirnbinde umgeschlungen habe.

Ein glücklicher Zufall wollte es, daß selbst die Bruchstellen wie der beschädigte Nasenrücken und Absplitterungen an den Wangenknochen der rechten Gesichtshälfte die Physiognomie nicht etwa entstellen, sondern eindringlich vertiefen. Gepeinigt von der Welt und sich selbst scheint dieser Mann, ganz so wie Kantorowicz den Staufer als innerlich zerrissen beschrieben hat. Nicht er, aber die gequälten Züge einiger Naumburger Stifterfiguren inspirierten dann 1933 den Kunsthistoriker Paul Clemen zu seinem „Mitternachtsgespräch“, in dem die Statuen „Schicksalskünder von heut“ genannt werden: „Führt ein Ritter des Volkes Kraft/Mit geheiligtem Zeichen zum Sieg?“

Solche fatale Anempfindelei richtete sich selbst zugrunde. Heute weiß man mehr: Der Kopf war Teil einer Ganzkörperfigur, die im Mittelgewölbe Arme und Beine spreizte. Wie an ein Andreaskreuz genagelt muß die Gestalt auf alle heruntergesehen haben, die zwischen Chor und Langhaus hin und her gingen. Damit könnte sie als erbsündiger Adam gedacht gewesen sein, den der Christus eines Triumphkreuzes über dem Lettner erlöste. Oder – was durchaus in diese Jahre paßt, die plötzlich so weltbezogen mit dem Glaubenskanon umgingen – die Gewölbefigur vertritt die deutschen Könige, die bei ihrer Salbung im Mainzer Dom mit kreuzförmig ausgestreckten Armen und Beinen auf dem Boden lagen. Damit hätte das Bildnis den damals umstrittenen Ausschließlichkeitsanspruch des Mainzer Erzbischofs auf die Königssalbung bekräftigt, anschaulich und dauerhaft gemacht.

So gesehen, blickte aus dem tragischen Gesicht zwar nicht Friedrich, aber klerikale Drohung, vergleichbar mit dem päpstlichen Bann, der aus Friedrich II. den vogelfreien „Antichrist" machte. Als der Staufer 1250 starb, ließ er sich für seine letzten Stunden in die franziskanische Armutskutte kleiden. Seine Gegner waren erst zufrieden, als 1268 mit der Hinrichtung des Enkels Konradin in Neapel die „teuflische Brut" ausgerottet war. Bald darauf macht Künstlichkeit sich die Skulpturen untertan: Die gotische „S-Kurve" biegt die Körper, aus Gesichtern werden subtile Masken, und aus Ideenvertretern werden Ideenträger; Glaubenschiffren und Temperamentslehren in Menschengestalt. Nur in Pisa, wohin sich ein Bildhauer von Friedrichs Hof in Neapel geflüchtet hatte, lebte die antikisch geschulte Wirklichkeitsnähe weiter. Niccolò Pisano und sein Sohn erarbeiteten dort, was die Kunstgeschichte die italienische Protorenaissance nennt.

Heute, im Mainzer Dommuseum, ist der „Kopf mit Binde" ein Schemen in jenem „fernen Spiegel", von dem Barbara Tuchmann geschrieben hat. Schaut man länger hinein, klärt er sich, bis einem mitsamt Adam, Friedrich oder dem Naumburger Meister auch das eigene Gesicht zugewandt ist.

Die Autoren

DIETER BARTETZKO, geb. 1949, ist Feuilletonredakteur der Frankfurter Allgemeinen Zeitung.

HANS CHRISTOPH BUCH, geb. 1944, lebt als Schriftsteller, Essayist und Kritiker in Berlin.

MARIE THERES FÖGEN, geb. 1946, ist Professorin für Römisches Recht, Privatrecht und Rechtsvergleichung an der Universität Zürich.

GERTRUD FUSSENEGGER, Dr. phil., geb. 1912, lebt als Schriftstellerin in Leonding/Österreich. Sie schrieb zahlreiche belletristische und historiographische Werke.

MICHAEL JEISMANN, Dr. phil., geb. 1958, ist Feuilletonredakteur der Frankfurter Allgemeinen Zeitung.

ALBRECHT KUNKEL, geb. 1938, war Wissenschaftsredakteur u.a. des »Spiegel« und lebt als freier Journalist in Heidelberg.

OTTO LANGER, geb. 1934, ist Professor für Ältere deutsche Literatur an der Universität Bielefeld.

OTTO GERHARD OEXLE, geb. 1939, ist Professor für mittelalterliche Geschichte und Direktor des Max-Planck-Instituts für Geschichte in Göttingen.

CHRISTIAN PFISTER, geb. 1944, ist Professor für Wirtschafts-, Sozial- und Umweltgeschichte an der Universität Bern.

HANS-HERBERT RÄKEL, geb. 1940, ist Professor für deutsche Sprache und Literatur an der Universität Montreal / Kanada.

FELICITAS SCHMIEDER, Dr. phil., geb. 1961, ist wissenschaftliche Assistentin am Historischen Seminar der Universität Frankfurt am Main.

KLAUS SCHREINER, geb. 1931, ist Professor für mittelalterliche Geschichte an der Universität Bielefeld.

DIRK SCHÜMER, geb. 1962, ist Feuilletonredakteur der Frankfurter Allgemeinen Zeitung.

Bildquellennachweis

Berlin, Archiv für Kunst und Geschichte *S. 29, 67, 72*
Florenz, Fratelli Alinari *S. 43*
Mainz, Diözesanmuseum (Alberto Luisa) *S. 86*
München, Max Hirmer *S. 85*
Rom, Biblioteca Apostolica Vaticana *S. 57*
Rothenfels, Friedrich Möbius *S. 12*
Zürich, Marie Theres Fögen *S. 41*

Buchanzeigen

Kultur und Geschichte des Mittelalters
bei C. H. Beck

Hans-Werner Goetz
Leben im Mittelalter
Vom 7. bis zum 13. Jahrhundert
6., unveränderte Auflage. 1996.
302 Seiten mit 34 Abbildungen. Leinen
Beck's Historische Bibliothek

Alfred Haverkamp
Aufbruch und Gestaltung Deutschlands 1056–1273
Band 2:
2., vollständig überarbeitete Auflage. 1993.
415 Seiten mit 1 Karte und 1 Stammtafel. Broschiert
Neue Deutsche Geschichte

Heinrich Klotz
Geschichte der deutschen Kunst
Band 1: Mittelalter 600–1400
1998. 472 Seiten mit 404 Abbildungen, davon 58 in Farbe. Leinen

Georg Ostrogorsky
Byzantinische Geschichte
324–1453
Unveränderter Nachdruck 1996 der zuerst 1965 erschienenen
Sonderausgabe 1996
1996. XI, 569 Seiten mit 2 Karten im Text
und 6 zweifarbigen Karten auf Beiblättern. Leinen
Beck's Historische Bibliothek

Margarethe Schmidt/Heinrich Schmidt
Die vergessene Bildersprache christlicher Kunst
Ein Führer zum Verständnis der Tier-, Engel- und Mariensymbolik
5. Auflage. 1995. 337 Seiten mit 89 Abbildungen. Leinen
Beck'sche Sonderausgabe